Ulrich Rosenbaum

BRETAGNE

50 TIPPS ABSEITS der ausgetretenen PFADE

360° medien

IMPRESSUM

Bretagne

50 Tipps abseits der ausgetretenen Pfade

Ulrich Rosenbaum

Nachtigallenweg 1 | 40822 Mettmann

info@360grad-medien.de | 360grad-medien.de

Redaktion und Lektorat: 360° medien

Satz und Layout: Lucas Walter

Gedruckt und gebunden:

LUC GmbH | Hansaring 118 | 48268 Greven

luc-medienhaus.de

Bildnachweis: siehe Seite 256

Sicherheitshinweis: siehe Seite 8

ISBN: 978-3-96855-249-1

Hergestellt in Deutschland

360grad-medien.de

Ulrich Rosenbaum

BRETAGNE

50 TIPPS ABSEITS der ausgetretenen PFADE

360° medien

VORWORT

Weit hinaus in den Atlantik ragt die bretonische Halbinsel, letzter abgeschliffener Rest eines versunkenen Gebirgszuges. Die Nähe des Meeres ist überall zu spüren. Sandstrände und Klippen wechseln sich ab, von zahllosen Inseln und einer Kette von Leuchttürmen geschützt. Rau und herb zeigen sich die bretonischen Küstenlandschaften im Norden und Westen. Granitgraue Häuser in Dörfern und Städten versprühen einen düster gedämpften und dennoch liebenswerten Charme. Der Süden hingegen gibt sich heiter und hell: Die Häuser sind weiß gestrichen, Hortensien und Kamelien setzen knallbunte Akzente, die lichten Kiefernwälder und langen Dünenstrände wirken nahezu mediterran.

Die Nähe zum Meer prägt die Geschichte und die Menschen. Die keltische Welt in Irland, Cornwall und Wales, nur über das Meer erreichbar, stand den Bretonen kulturell über viele Jahrhunderte näher als Frankreich. Bretonische Bauernhäuser erinnern an jene in Irland. Sagen, Märchen und Überlieferungen weisen auf Wurzeln jenseits des Ärmelkanals, ebenso wie die tief verwurzelte Volksfrömmigkeit, die sich bis heute in einer Vielzahl von steinernen Kreuzen, Kapellen und Kirchen zeigt. Und dies, obwohl die Bretagne seit dem frühen Mittelalter politisch eng mit Frankreich verbunden war, schon lange bevor das bretonische Herzogtum vor 500 Jahren an die französischen Krone fiel.

Das Meer brachte seit jeher Nahrung. Schon als Christoph Kolumbus noch lebte, segelten Fischer aus der Bretagne bis zu den Küsten Neufundlands, um dem Kabeljau nachzustellen. Dank wagemutiger Kapitäne und risikofreudiger Reeder kamen Hafenstädte wie Saint-Malo, Nantes und Lorient zu bescheidenem Wohlstand. Doch gegen Ende des 19. Jahrhunderts galt die bretonische Halbinsel als arm, hinterwäldlerisch und exotisch – und wirkte deshalb wie ein Magnet auf Maler und Künstler, die das Authentische suchten.

Ohne das Meer wäre die Bretagne kaum das beliebte Reise- und Ferienziel, als das sie sich heute präsentieren kann. In der zweiten Hälfte des 19. Jahrhunderts wurde es in den höheren Kreisen der Gesellschaft populär, einige Wochen des Sommers am Meer zu verbringen. Armselige Fischerdörfer wurden zu Sommerfrischen, aus dem Nichts wuchsen mondäne Seebäder mit Grandhotels, Spielkasinos und stattlichen Privatvillen. Heute ist der Tourismus der beherrschende Wirtschaftszweig zwischen Nantes, dem Mont-Saint-Michel und Brest.

Selbst wenn im Juli und August manche Küstenstädtchen überlaufen sind, so gibt es abseits der Rennstrecken der Urlauber viel Interessantes zu entdecken: Aussichtsberge mit 360-Grad-Rundumblick und verwunschene Dorfkirchen, Steinzeitgräber und zeitgenössische Skulpturenparks, malerische Flusstäler und sturmumtoste Felseninseln. Dieses Buch möchte Sie inspirieren, in der Bretagne auch einmal abseits der Rennstrecken auf Entdeckungsreise zu gehen.

„Degemer mat e Breizh!" – Willkommen in der Bretagne!

Pointe du Raz

INHALTSVERZEICHNIS

HINWEIS: Aus Gründen der besseren Lesbarkeit wird auf eine geschlechtsneutrale Differenzierung verzichtet. Entsprechende Begriffe gelten im Sinne der Gleichbehandlung grundsätzlich für alle Geschlechter. Die verkürzte Sprachform beinhaltet keine Wertung.

WICHTIGE HINWEISE ZUR SICHERHEIT

Wir möchten Sie darauf aufmerksam machen, dass bei der Nutzung dieses Reiseführers bestimmte Risiken bestehen können, die im Zusammenhang mit den beschriebenen Aktivitäten und Attraktionen stehen. Bitte beachten Sie daher die folgenden Hinweise:

- Umgang mit diesem Buch: Beim Blättern können scharfkantige Papierbögen kleine Schnittverletzungen verursachen. Seien Sie vorsichtig.
- Outdoor-Aktivitäten: Wanderungen und Radtouren bergen Sturz- und Unfallgefahren. Prüfen Sie vor Ihrem Aufbruch den aktuellen Wetterbericht, da Wege bei Nässe schnell rutschig werden können.
- Attraktionen und Sehenswürdigkeiten: Befolgen Sie stets die Sicherheits- und Warnhinweise sowie Anweisungen der Betreiber vor Ort, um Gefahren zu vermeiden.
- Aktualität der Informationen: Die Angaben in diesem Buch wurden sorgfältig zusammengestellt, können jedoch Änderungen unterliegen. Überprüfen Sie Öffnungszeiten, Routenbeschreibungen und andere relevante Informationen vorab.
- Unzureichende Vorbereitung: Die Beschreibungen im Reiseführer dienen als Grundlage, ersetzen aber nicht eine gründliche Vorbereitung. Informieren Sie sich zusätzlich zu Schwierigkeitsgraden, Routen und notwendiger Ausrüstung.
- Umwelt- und Tierschutz: Nehmen Sie Rücksicht auf die Natur und vermeiden Sie Verhaltensweisen, die Flora und Fauna schädigen könnten. Begegnungen mit Wildtieren können potenziell gefährlich sein.
- Überfüllung und Infrastruktur: Beliebte Attraktionen können stark frequentiert sein, was Gedränge und Einschränkungen bei Sicherheitsmaßnahmen mit sich bringen kann. Planen Sie entsprechend.
- Eigenverantwortung bei Empfehlungen: Die im Buch enthaltenen Tipps und Empfehlungen garantieren keine absolute Sicherheit oder Eignung. Prüfen Sie vor Ort die Bedingungen und entscheiden Sie nach eigener Einschätzung.

Sollten Sie darüber hinaus potenzielle Gefahren feststellen, Beschwerden zur Produktsicherheit haben oder sollte es zu Unfällen oder Verletzungen in Zusammenhang mit unseren Produkten kommen, nehmen Sie bitte Kontakt mit uns auf.
Ansprechperson: Andreas Walter, Tel.: +49 (0)2104 5063-104
E-Mail: *produktsicherheit@360grad-medien.de*

Markttag

ENTDECKUNGEN IN DER BRETAGNE

Märkte ...

Der Tourist ist in der Bretagne kein unbekanntes Wesen. Aristokraten und Großbürger entdeckten in der zweiten Hälfte des 19. Jahrhunderts die Küsten der Bretagne, bauten Grand Hotels und repräsentative Villen, um im Sommer ein paar Wochen am Meer zu verbringen. Seeluft und – in Maßen – das Baden im Salzwasser wurden als der Gesundheit zuträglich angesehen. Die Bretagne galt zudem als exotisch und schön.

Im 20. Jahrhundert wurde eine Urlaubsreise ans Meer auch in der französischen Mittelschicht populär. Fischerorte wurden zu Seebädern und jeden Sommer überfluteten die Menschen die Strände. Heute gilt der Sommerurlaub den Franzosen als demokratisches Gut und der Tourismus ist in der Bretagne der wichtigste Wirtschaftszweig.

Von Bettenburgen wie an der Küste des Languedoc ist die Halbinsel im Westen Frankreichs weitgehend verschont geblieben. Die Bretagne punktet mit nostalgischem Charme, mit romantischen Städten und Dörfern, mit wilden Steilküsten und fantastischen goldenen Sandstränden, mit ihrer herb-melancholischen Atmosphäre und viel Sonne! Denn nur das Image des bretonischen Klimas ist verregnet – in der Realität können etliche Seebäder jährlich mehr als 2000 Sonnenstunden aufweisen, deutlich mehr als Deutschland!

... Bars...

Zur Region Bretagne zählen die vier Départements Ille-et-Vilaine im Osten, Côtes-d'Armor an der Nordküste, Finistère im Westen und Morbihan im Süden. Das Département Loire-Atlantique rund um die historische bretonische Hauptstadt Nantes gehört politisch nicht dazu, eine Entscheidung der Vichy-Regierung aus der Zeit des Zweiten Weltkriegs, die seither nicht revidiert wurde. Obwohl sich Umfragen zufolge zwei Drittel der Bewohner als Bretonen fühlen!

Mit dem Auto in die Bretagne zu reisen, ist weit! Von Frankfurt bis Saint-Malo sind es etwa 1000 Kilometer – und hier fängt die Bretagne gerade erst einmal an! Mit der Bahn führen alle Wege über Paris. Hochgeschwindigkeitszüge fahren in zwei Stunden von Paris nach Rennes und Nantes und etwas langsamer weiter nach Saint-Malo, Brest, Quimper und La Baule. So schrumpft die Fahrzeit mit dem Zug von Frankfurt bis Saint-Malo auf wenig mehr als sieben Stunden. Und inzwischen gibt es auch direkte Flüge von Frankfurt und München nach Nantes.

Wer in der Bretagne mehr als den Urlaubsort erkunden will, kommt ums Auto nicht herum. Mietwagen sind in Frankreich außerhalb der Hochsaison sehr erschwinglich. Das öffentliche Verkehrsnetz wird in der Bretagne ständig ausgebaut, orientiert sich aber in erster Linie an den Bedürfnissen der Bevölkerung. Die wenigsten Strände sind bequem mit einem Linienbus zu erreichen.

Alle größeren Städte sind mit Schnellstraßen verbunden. Und kein Politiker hat sich bisher getraut, wie im übrigen Frankreich für die Benutzung Autobahngebühren zu verlangen! Auch das Netz der Nebenstraßen ist dicht gewebt und in passablem Zustand. Nur ist es zuweilen unübersichtlich – ein gutes Navigationsgerät hilft. Wer die herkömmliche Art vorzieht, kann sich mit den Michelin-Karten im Maßstab 1:200.000 oder den Blättern des Nationalen Geografischen Instituts IGN gut orientieren.

Um eine Unterkunft muss sich in der Bretagne niemand Sorgen machen, es gibt sie reichlich und überall und in jeder denkbaren Form – vom luxuriösen Grand- oder Schlosshotel über Ferienhäuser und -wohnungen bis zu zahllosen Campingplätzen. Auf Empfehlungen für Unterkünfte wurde in diesem Buch weitgehend verzichtet. Die bekannten Buchungsportale im Internet bieten eine große Auswahl, ebenso wie die eingeführten Ferienhaus-Anbieter. Äußerst beliebt wird auch in der Bretagne der Urlaub mit dem Wohnmobil. Auch wenn viele Parkplätze an den Stränden durch niedrig hängende Balken die Zufahrt versperren!

... Crêperien ...

Um das leibliche Wohl braucht sich in der Bretagne auch niemand Sorgen zu machen, sonst gäbe es keine Touristen, sondern einen Volksaufstand. Wir sind schließlich in Frankreich! Schon die Wochenmärkte, die es in jedem größeren Dorf gibt, sind eine kulinarische Augenweide. Die Zahl der Restaurants ist unübersehbar. Allein 44 Restaurants erhielten 2025 Sterne der Gourmetbibel Guide Michelin, drei davon zwei und erstmals auch eines drei Sterne! Auch sonst lässt sich in der Bretagne vortrefflich speisen, natürlich Fisch und Meeresfrüchte jeglicher Art, aber auch die traditionellen bretonischen Crêpes und Galettes.

… und Meeresfrüchte sind in der Bretagne allgegenwärtig.

Was tun in der Bretagne? Das Buch gibt Ihnen eine Reihe von Vorschlägen. Wer gerne zu Fuß unterwegs ist, findet ein dichtes Netz von ausgeschilderten Wanderwege: Fernwanderwege, die als GR bezeichnet werden, ebenso wie kürzere Strecken oder Spaziergänge. In der letzten Jahren hat sich die Bretagne stark um einen Ausbau des Radwegenetzes bemüht: 2700 Kilometer sind inzwischen ausgeschildert. Voies Vertes – Grüne Wege – ziehen sich über die gesamte Halbinsel: die Küste entlang, auf den Trassen aufgelassener Bahnstrecken oder auf den alten Treidelpfaden am Ufer der Kanäle. Auch in kleinen Orten lassen sich Fahrräder und E-Bikes problemlos mieten.

Und da die Bretagne nun einmal am Meer liegt, ist sie auch ein Paradies für Wassersportler. Die Halbinsel hat Strände ohne Ende. Segeln ist Nationalsport. In (fast) jedem Seebad gibt es eine Base Nautique, die Segelboote, Kajaks und Surfbretter verleiht und Kurse anbietet, sei es im Kitesurfen, Strandsegeln oder was auch immer als ultimative Aktivität en vogue ist. Und vergessen Sie nicht – Meerluft macht süchtig nach mehr!

TOP 10

DER SEHENSWÜRDIGKEITEN IN DER BRETAGNE

1 **Rennes:** Verstecken muss sie sich nicht, die heutige Hauptstadt der Bretagne. Auch wenn sie keinen Sonnenplatz an der Küste einnimmt. Die Altstadt besticht durch ihre schönen Fachwerkhäuser. Am Place du Parlement mit dem Parlamentsgebäude verbinden sich großbürgerliche Eleganz und royale Pracht. An regnerischen Tagen locken mehrere Museen, darunter das Museum der Bretagne in einem spektakulären Neubau des Starchitekten Christian de Portzamparc. Und rund um die denkmalgeschützten Halles Martenot findet seit 400 Jahren jeden Samstagvormittag der größte Wochenmarkt der Bretagne statt. *tourisme-rennes.com*

2 **Mont Saint-Michel:** Auch wenn er de jure noch in der Normandie liegt, kommt doch kaum ein Besucher der Bretagne an ihm vorbei, dem Klosterberg Mont Saint-Michel auf einer Felseninsel im Meer. Unvergleichlich ist seine Silhouette, gleich, ob im Morgen-, Mittags- oder Abendlicht. Könige, Herzöge und Kreuzritter des Mittelalters pilgerten einst durch das Watt zum Erzengel Michael, brachten Reliquien und Geschenke aus dem Heiligen Land. Unermesslich war einst der Reichtum der Abtei, die den Felsen krönt. Der Glanz mag verblichen sein, doch imposant sind die jahrhundertealten Bauten bis heute! *ot-montsaintmichel.com*

3 **Saint-Malo:** Neu erstanden aus den Ruinen des Zweiten Weltkriegs, aber im altem Gewande präsentiert sich das historische Zentrum von Saint-Malo. Nahezu unversehrt wirkt die Hafenstadt mit ihren Stadtmauern, ihren engen Gassen, ihren Häusern mit granitgrauen Fassaden und steilen Schieferdächern – ein einzigartiges Ensemble. Über Jahrhundert war die Hafenstadt Ausgangspunkt von Entdeckungsreisen, wurde wohlhabend durch Fernhandel, Freibeuterei und den Fischfang vor Neufundland. Heute ist Saint-Malo nicht nur ein beliebtes Ziel für kulturell interessierte Reisende, sondern dank seiner Sandstrände auch für Gäste, die ein paar erholsame Tage am Meer verbringen möchten.
saint-malo-tourisme.com; st-malo.com

4 **Côte de Granit Rose:** Rosengranit gibt es nicht nur in Ägypten, sondern auch an der bretonischen Nordküste. Beim früheren Fischerdorf Ploumanac'h öffnet sich an der Nordküste eine geologische Wundertüte. Höchst pittoresk liegen rotleuchtende Grantitfelsen am Strand, abgeschliffen von Wind und Meer. Der Hut Napoleons, das Liebesnest, ein Pilz – die Fantasie schlägt Purzelbäume. Ein Wanderweg führt durch das Felsenchaos – in der Umgebung locken beliebte Badeorte wie Perros-Guirec oder Trégastel mit zahllosen Buchten und Sandstränden.
bretagne-cotedegranitrose.com

5 **Pointe du Raz:** Ein wilder, weit in den Atlantik ragender Felssporn, schutzlos den Gewalten des anbrandenden Meeres und dem Wind ausgesetzt, ist die äußerste Spitze der felsigen Halbinsel Sizun. Auch wenn es sich nicht um das westlichste Kap der Bretagne handelt – scheinbar ist hier die Welt zu Ende. Raue Landschaft, kahle Heideflächen, steil abfallende Klippen, nahebei ein gischtumtoster Strand. „Natur in hoher Dosis“ , wie es einst der Schriftsteller Gustave Flaubert lakonisch ausdrückte. *capsizuntourisme.fr*

6 **Quimper:** Die Zwillingstürme der Kathedrale des heiligen Corentin sind das Wahrzeichen der alten Hauptstadt des Königreichs der Cornouaille. Heute Verwaltungssitz des Départements Finistère, lädt sie ein zu romantischen Spaziergängen durch die Altstadt, zu einem Besuch des Museums der schönen Künste mit einer vorzüglichen Sammlung bretonischer Malerei, zu Ausflügen in den äußersten Südwesten der bretonischen Halbinsel. Nicht zu vergessen der malerische „Butterplatz“ – Place au Beurre – an dem nicht weniger als neun Crêperien die bretonische Nationalspeise in vielerlei Variation anbieten. *quimper-tourisme.bzh*

7 **Carnac:** Kilometerlang erstrecken sich die Reihen der Hinkelsteine, die durch den Comic-Helden Obelix zu Weltruhm gelangt sind. Das Alter der Steinreihen von Carnac wird auf 5000 bis 7000 Jahre geschätzt. Über Sinn und Bedeutung sprießen die Spekulationen; was bekannt ist, wird im Prähistorischen Museum von Carnac in Szene gesetzt. Mit mehr als 3000 Menhiren ist Carnac der größte steinzeitliche Fundort Europas – seit 2025 auch UNESCO-Kulturerbe. Und die feinsandigen, von Kiefern gesäumten Strände von Carnac-Plage versprühen mediterranes Flair. *ot-carnac.fr*

8 **Belle Île :** Der große Maler Claude Monet verliebte sich in diese Insel, ebenso wie Sarah Bernhard, die exzentrische Schauspieler-Ikone der Belle Époque. Sie wurden gefangen vom Charme der größten bretonischen Insel, die jedem Besucher eine Fülle von Anziehungspunkten bietet: malerische Häfen, verschwiegene und weniger verschwiegene Strände, Klippen und ein grün-buntes Mosaik aus Feldern und Wäldern. Die nahezu 85 Quadratkilometer teilen sich 5000 ständige Einwohner – im Sommer ein Vielfaches davon. Denn die gut erreichbare Insel vor der bretonischen Südküste ist ideal für Entdeckungstouren zu Fuß oder mit dem Rad. *belle-ile.com*

9 **Nantes:** In der ehemaligen Residenz der bretonischen Herzöge beendete Heinrich IV. mit dem Edikt von Nantes die Verfolgung der Protestanten. Die Stadt an der Loire wurde zum wichtigsten Seehafen Frankreichs, später zu einem bedeutenden Industriestandort. Vom Strukturwandel hart getroffen, erfindet sich die westfranzösische Metropole, seit 1941 administrativ vom Rest der Bretagne getrennt, seit einigen Jahrzehnten neu. Heute brilliert sie mit ihrem sehenswerten historischen Zentrum ebenso wie mit wegweisender zeitgenössischer Architektur an der Peripherie. Und jeden Sommer wird sie zum Schauplatz des bedeutenden Kulturfestivals „Le Voyage à Nantes". *levoyageanantes.fr*

10 **Wanderweg GR 34:** Über 2000 Kilometer lang ist der längste Wanderweg der Bretagne, der rund um die Halbinsel führt – immer am Meer entlang! Vom Mont-Saint-Michel bis nach Saint-Nazaire an der Mündung der Loire. Er folgt den alten Zöllnerpfaden, die nach der Revolution 1791 angelegt wurden, um Schmuggler und Strandräuber zu bekämpfen. Er passiert Strände und Dünen, führt am Rande steiler Klippen entlang, bietet fantastische Panoramablicke und immer ein Hautnah-Naturerlebnis. Egal, ob man längere Mehrtageswanderungen unternimmt oder nur ein kurzes Teilstück begeht. Der Weg ist in das Netz der französischen Fernwanderwege integriert, seit 2008 in seiner ganzen Länge markiert und in sechs „Topoguides" im Detail beschrieben.

KURIOSES & BESONDERHEITEN

AUS DER BRETAGNE

Bécherel – das Dorf der Bücher

Nicht einmal 700 Einwohner, dafür aber 14 Buchhandlungen: Bécherel, ein Dorf eine halbe Autostunde von Rennes entfernt, ist stolz darauf, als erster französischer Ort zur Cité du Livre ernannt worden zu sein. Liebhaber alter Bücher können stundenlang in den Antiquariaten stöbern. Daneben haben eine Reihe von Kunsthandwerkern Ateliers in den alten Häusern eingerichtet. Besonders attraktiv ist der große Büchermarkt, der jeden ersten Sonntag im Monat stattfindet. *mairie-de-becherel.bzh*

Dinan – das Haus der Harfe

Kaum ein anderes Instrument wird stärker mit der bretonischen Musik verbunden als die Keltische Harfe. Dabei war sie über Jahrhunderte aus der Bretagne verschwunden. Ihre Renaissance ist dem Musiker Alan Stivell verdanken, dessen Vater Harfen baute und der in den 1970er-Jahren eine internationale Karriere startete. Mitten in der Altstadt von Dinan dreht sich in einem alten Fachwerkhaus alles um die Harfe, im Maison de la Harpe. Hier sind nicht nur zahlreiche Exemplare des traditionsreichen Instruments ausgestellt, sondern es werden auch regelmäßig Vorführungen und Konzerte organisiert. *harpe-celtique.fr*.

Callat – auf den Spuren des Bretonischen Hundes

Eine Schönheit ist er nicht unbedingt, der Epagneul Breton, auf Deutsch Bretonischer Vorstehhund oder schlicht und einfach Bretone. Dafür robust, zuverlässig, ausdauernd, intelligent und charaktervoll, ein ausgezeichneter Jagdhund mit einem exzellenten Geruchssinn. Erste Hinweise auf die heutige Zuchtrasse finden sich schon im Altertum, weitere auf mittelalterlichen Gemälden und Stickereien. Heute ist der Bretone der verbreitetste Vorstehhund in Frankreich, mit etlichen Zuchtbetrieben in der zentralen Bretagne. Im Dorf Callat ist ihm ein kleines Museum gewidmet, das Maison de l'Épagneul Breton.
mairie-callac.fr/fr/tourisme/la-maison-de-l'epagneul-breton

Die Ölsardine – eine bretonische Erfindung

Überall in der Bretagne trifft man sie an, die Geschäfte der ‚conserveries', die bis heute Ölsardinen, Thunfisch- und Makrelenkonserven nach althergebrachter Art herstellen. Sie sind die letzten Überlebenden einer Branche, die im 19. Jahrhundert einmal Weltmarktführer war. Nicht nur ist die Konservendose eine französische Erfindung, es war auch ein Kaufmann aus Nantes, der im Jahre 1824 als erster Sardinen in Blechdosen pressen ließ. Um 1900 gab es um die 150 Konservenfabriken in den bretonischen Hafenstädtchen! Die zunehmende Konkurrenz anderer Fischfangnationen und Überfischung machten den meisten ein Ende. Die wenigen, die bis heute überlebten, bieten eine erstklassige Qualität.

Bretonisch in Streifen – die Marinière

Wer kennt ihn nicht, den typischen Ringelpulli aus der Bretagne mit den schmalen blauen Streifen! Im Jahre 1858 wurde er qua Dekret zum offiziellen Unterhemd der französischen Marine – angeblich, um Matrosen, die über Bord gegangen waren, besser erkennen und leichter retten zu können. Erstmals nach Ende des Ersten Weltkriegs durch Coco Chanel für die Haute

Couture entdeckt, später durch Stars wie Brigitte Bardot und Jean Seberg popularisiert, ist das unverwüstliche Design immer wieder in den Kollektionen der Modeschöpfer präsent. Bis heute werden die Pullis in der Bretagne produziert und auf den Märkten und in Boutiquen angeboten.

Nantes – das Erbe Le Corbusiers

Nicht nur in Marseille, auch in Nantes schuf der Jahrhundertarchitekt Le Corbusier im Jahr 1955 eines seiner städtebaulichen Zukunftsprojekte: Das Maison Radieuse in Rezé, einem Vorort von Nantes, vereinigt unter seinem Dach 294 Wohnungen. Als senkrechte „Stadt" wurde es für etwa 1400 Einwohner geplant – mit einem Kindergarten auf der Dachterrasse in 52 Meter Höhe. Jeden Mittwoch und Samstag können Besucher mit einer Führung das ambitionierte Wohnsilo und eine Musterwohnung besichtigen. *maisonradieuse.org*

Rennes – das Museum des FRAC

Um die Regionen zu stärken, wurden in den 1980er-Jahren auf Initiative des französischen Kulturministeriums 23 Regionalfonds für zeitgenössische Kunst gegründet (FRAC). Seit 2012 ist das Museum des FRAC der Bretagne in Rennes in einem eindrucksvollen Neubau der Architektin und Designerin Odile Decq untergebracht. Neben dem Kunstpalast stehen 72 massive Granitsäulen der Künstlerin Aurélie Nemours, die „Alignements des 21. Jahrhunderts". Der FRAC verfügt über einen regelmäßigen Ankaufsetat, und so ist die Sammlung inzwischen auf mehr als 5700 Objekte angewachsen. *fracbretagne.fr*

D 6
PLOUËC DU
PLOUEG-PONTREV
D 21
PONTRIEUX
PONTREV

Nordsee
NIEDERLANDE
IRLAND
ENGLAND
DEUTSCHLAND
BELGIEN
Ärmelkanal
HAUTS-DE-FRANCE
LUXEMBURG
NORMANDIE
Paris
ÎLE-DE-FRANCE
GRAND EST
BRETAGNE
PAYS DE LA LOIRE
CENTRE-VAL DE LOIRE
BURGUND-FRANCHE-COMTÉ
SCHWEIZ
FRANKREICH
Atlantischer Ozean
NEU-AQUITANIEN
AUVERGNE-RHONE-ALPES
ITALIEN
Biskaya
PROVENCE-ALPES-COTE D'AZUR
OKZITANIEN
ANDORRA
Mittelmeer
SPANIEN

Cherbourg
Guernsey
Ärmelkanal
Jersey
Perros-Guirec
Paimpol
Avranches
Saint-Brieuc
Saint-Malo
Morlaix
N12
Dinan
Lamballe
Carhaix-Plouguer
Fougères
Brest
Rennes
Vitré
Pontivy
Quimper
N24
Ploërmel
Concarneau
Châteaubriant
N165
Vannes
Redon
Lorient
Auray
Belle Île
Guérande
Saint-Nazaire
Nantes
Atlantischer Ozean
La Roche-sur-Yon
La Rochelle
Rochefort

DAS TOR ZUR BRETAGNE
Burg von Fougères

Das Tor zur Bretagne

1. Vitré: Stadt der Tuchhändler
2. Fougères: die größte Burg Frankreichs
3. Saint-Just: Ausflug ins Neolithikum
4. La Gacilly: Kapitale der Naturkosmetik
5. Der Wald von Brocéliande: bei Morgane, Viviane und Lancelot
6. Josselin: das Schloss der Rohan

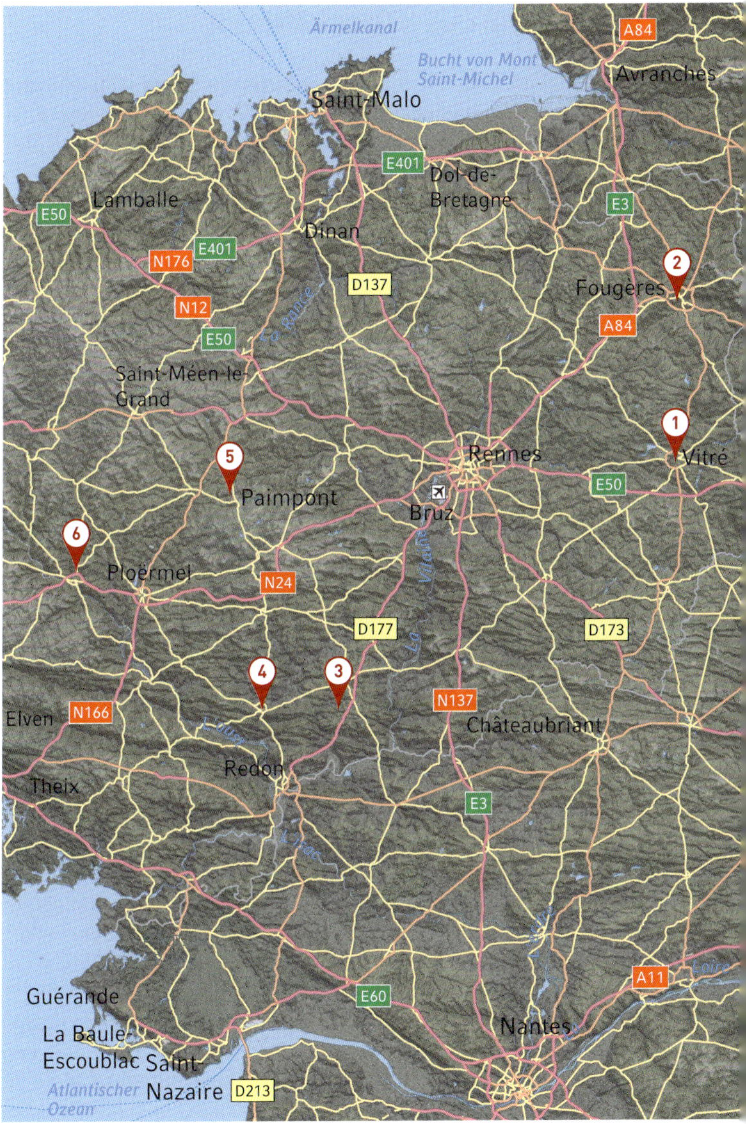
Ärmelkanal
Bucht von Mont Saint-Michel
A84
Avranches
Saint-Malo
E401
Dol-de-Bretagne
E3
Lamballe
E50
E401
N176
Dinan
D137
2
Fougères
N12
A84
E50
La Rance
Saint-Méen-le-Grand
1
Rennes
Vitré
5
E50
Paimpont
Bruz
6
Ploërmel
N24
La Vilaine
D177
D173
4
3
Elven
N166
N137
Châteaubriant
Redon
Theix
E3
A11
Loire
E60
Guérande
La Baule-Escoublac
Saint-Nazaire
Nantes
D213
Atlantischer Ozean

1. Vitré: Stadt der Tuchhändler

Vor 500 Jahren war Vitré eine bedeutende Stadt. Der Handel mit Textilien – insbesondere Segeltuch, in der Zeit der Entdeckungsreisen ein begehrtes Gut – war die Quelle des Wohlstands. Kaufleute aus Vitré bereisten die ganze Welt. Heute präsentiert sich die Stadt als historisches Kleinod, hinter dessen Mauern man viele romantische Winkel entdecken kann.

Im Innenhof der Burg

Die große Zeit von Vitré begann im 15. Jahrhundert. Im Jahr 1472 schlossen sich 39 Kaufleute zu einer Bruderschaft zusammen. Ihre wichtigste Ware waren Segeltuch und andere Gewebe aus Hanf, die in Dörfern der Umgebung gefertigt wurden. Die Kaufherren organisierten die Produktion und den Export der stark nachgefragten Textilien zunächst über die Märkte in Rennes, Nantes und Saint-Malo, später unterhielten sie Handelsbeziehungen zu allen bekannten Kontinenten.

Eine der großen Persönlichkeiten aus Vitré war der Weltreisende Pierre-Olivier Malherbe (1569-1616). Um den Kaufmannsberuf zu erlernen, wurde er aus Vitré in das Kontor seines Onkels im andalusischen Sanlucar de Barrameda geschickt. Von dort umrundete er auf der Suche nach neuen Handelsmöglichkeiten in 17 Jahren die Erde. Er wurde an den Höfen des Kaisers von China und des Großmoguls Akbar in Indien empfangen. Zurück in Frankreich berichtete er König Heinrich IV. von seinen Reisen und versuchte, ihn von den Vorzügen eines starken Überseehandels zu überzeugen.

Notre-Dame, Ansicht von Süden

Aber mit dem Fernhandel begann auch der Siegeszug der Baumwolle, die Hanf als Material für Textilien mehr und mehr verdrängte. Die Handelsströme versiegten allmählich – hinzu kam die Vertreibung der Hugenotten nach 1685 aus der überwiegend protestantischen Stadt. Vitré verfiel in eine Art Dornröschenschlaf. So hat sich die Altstadt an vielen Stellen ein Stadtbild bewahren können, wie es sich im 16. und 17. Jahrhundert herausgebildet hat. Und heute präsentiert sie sich als höchst romantischer Ort!

Der spektakulärste Platz von Vitré ist die Burg, die mit ihren massigen Türmen und festen Mauern sehr theatralisch auf einer Felskuppe über dem Fluss Vilaine thront. Der erste Vorgängerbau entstand im Jahr 1008, als Vitré Sitz einer Baronnie wurde, die die Handelsstraßen und das Umland kontrollierte. Ihr heutiges Gesicht erhielt die Burg jedoch erst im 15. Jahrhundert. Damals

Mächtige Türme prägen die Silhouette der Burg.

folgte Feldzug auf Feldzug und die Wehranlagen mussten mit hohen Türmen und festen Mauern gegen die immer wirksamere Artillerie verstärkt werden. Im 17. Jahrhundert begann die Burg zu verfallen. In den verbliebenen Räumen wurde ein Museum eingerichtet; die Hauptattraktion aber bieten die wehrhaften Türme und Mauern, die mit ein wenig Fantasie das Mittelalter wieder lebendig werden lassen.

Nicht minder romantisch ist ein Spaziergang durch die Altstadt. Große Teile der mittelalterlichen Stadtbefestigung sind noch erhalten. Besonders malerisch sind die beiden Straßen Rue de la Baudrerie und Rue de la Poterie, gesäumt von Fachwerkhäusern und Stadtpalais der Kaufleute. Und die Kirche Notre-Dame, die wichtigste Kirche der Stadt, ist mit ihrer spätgotischen Pracht ein Ausdruck des Bürgerstolzes einer einst reichen Handelsstadt.

Notre-Dame, Blick ins Hauptschiff. Bemerkenswert ist die hölzerne Kielbogendecke.

Atelier in Vitré

INFO

Lage: Vitré liegt im äußersten Osten der Bretagne, etwa 40 Kilometer östlich von Rennes.

Aktivitäten:

- Château de Vitré: Place du Château, 35500 Vitré, Tel. +33 2 99 75 04 54, *vitre.bzh/chateaux-de-vitre-0*
- Château des Rochers Sévigné: Ein Besuch von Vitré wäre unvollständig ohne einen Abstecher zu diesem Landschlösschen des 15. Jahrhunderts, das zeitweilig Wohnsitz der Marquise de Sévigné (1626-1696) war. Als unermüdliche Briefeschreiberin hinterließ sie der Nachwelt einen tiefen Einblick in das gesellschaftliche Leben der Zeit Ludwigs XIV. Es liegt sieben Kilometer südöstlich der Stadt und ist zu erreichen über die D88. Im Park Golfplatz und Restaurant; Führungen durch Schloss und Museum, keine freie Besichtigung; Les Rochers, 35500 Vitré, Tel. +33 2 99 96 76 51, *vitre.bzh/chateaux-de-vitre-0*

Touristeninformation: Place du Général de Gaulle, 35500 Vitré, Tel.+33 2 99 75 04 46

Website: *vitre.bzh*

2. FOUGÈRES: DIE GRÖSSTE BURG FRANKREICHS

Inmitten der France profonde, des tiefen Frankreichs, dort wo die Bretagne gerade erst beginnt und der Gedanke an das Meer noch fern ist, liegt Fougères, umgeben von einer hügeligen grünen Landschaft mit Wäldern und kleinen Dörfern. Eine Provinzstadt mit einer Burg aus dem Mittelalter, die durch ihre gewaltigen Dimensionen beeindruckt.

Fougères gehört zu den Marches de Bretagne, der bretonischen Mark, die im 8. Jahrhundert vom Frankenkönig Pippin dem Kurzen als Schutzzone gegen die damals noch ungezähmten keltischen Bretonen errichtet wurde. Hundert Jahre später eroberten die Bretonen das Gebiet und errichteten ihrerseits eine Pufferzone – gegen das Reich der Franken. Spätere Generationen bretonischer Herzöge bauten in dieser Region immer stärkere Festungswerke als Schutz gegen die Eroberungsgelüste der französischen Könige.

Ruinen des Palastes

Der Burg von Fougères kommt in diesem Festungsgürtel eine wichtige strategische Rolle zu. Gebaut wurde sie nicht auf eine Anhöhe, sondern sie entstand zu Anfang des 11. Jahrhunderts als Wasserburg auf einer Insel des Flusses Nançon zur Kontrolle einer Kreuzung wichtiger Verkehrswege. Das ursprünglich hölzerne Festungswerk wurde 1166 zerstört. Die heutige Burg erhielt ihre Konturen in den folgenden Jahrhunderten und war im Hundertjährigen Krieg zwischen Engländern und Franzosen mehrfach umkämpft. 1488 wurde sie endgültig vom französischen König erobert, verlor dann im Prozess der Vereinigung von Frankreich und der Bretagne ihre militärische Bedeutung und verfiel allmählich. Das Zentrum von Fougères verlagerte sich auf die Höhe.

Die auf einem Hügel gelegene Altstadt erhielt ihr Gesicht im Wesentlichen im 18. Jahrhundert: gediegene granitgraue Bürgerlichkeit. Ein Rundgang durch die Stadt lohnt sehr. Er kann am Theater beginnen, einem schmucken Bau im Stil des Fin de Siècle, der nach Victor Hugo benannt wurde – Juliette Drouet, 45 Jahre lang seine Muse und Maitresse, wurde in Fougères geboren. Der Weg führt dann durch die Rue Nationale, gesäumt von historischen Bürgerhäusern, vorbei am Museum des aus Fougères stammenden Malers Emmanuel de la Villéon zur Kirche Saint-Léonard und zum Stadtpark.

Rue Nationale

Hier gilt es innezuhalten, denn von den Aussichtsterrassen bietet sich der beste Panoramablick über die Burg. Der Weg führt weiter über Treppen und Serpentinen den Hang hinab ins Tal des Flüsschens Nançon. Die Unterstadt spiegelt mit ihren verwinkelten Gassen, Kanälen und Fachwerkhäusern noch den Grundriss des mittelalterlichen Gerberviertels wider. Durchaus sehenswert ist auch die Kirche Saint-Sulpice, ein Bauwerk der Spätgotik.

Saint-Sulpice, Seitenportal

Höhepunkt ist aber die mächtige Burg im Herz der Unterstadt, geschützt von einem breiten Graben und einer gewaltigen Ringmauer. Eine Vorburg und insgesamt 13 Türme geben zusätzlichen Schutz. Von den ehemaligen Palastbauten im Inneren der Mauern ist wenig erhalten und restauriert, deshalb konzentriert sich der Blick auf die wehrhafte Architektur. Der Pulverduft und das Donnern der Kanonen sind zwar längst im Nebel der Geschichte verflogen, doch einen nachhaltigen Eindruck hinterlässt der Besuch der größten aus dem Mittelalter überkommenen Festung Frankreichs und ganz Europas in jedem Fall.

Wehrtürme und Mauern beeindrucken bis heute.

Theater Victor-Hugo

INFO

Lage: Fougères liegt 50 Kilometer nordöstlich von Rennes.

Aktivitäten:

- Château de Fougères: Place Pierre Symon, 35300 Fougères, Tel. +33 2 99 99 79 59, *chateau-fougeres.com*
- Parc Botanique de Haute Bretagne: Auf 25 Hektar rund um das Château de la Foltière präsentieren sich 24 Gärten in ihrer ganzen Pracht. Der Park liegt 14 Kilometer nördlich von Fougères; Château de la Foltière, 35133 Le Châtellier, Tel. +33 2 99 95 48 32, *jardinbretagne.com*
- Château Le Rocher Portail: ein romantisches Schloss am Wasser in Privatbesitz, das erst seit wenigen Jahren besichtigt werden kann; 35460 St-Brice-en-Coglès, Tel. +33 2 99 97 26 83, *lerocherportail.fr*

Touristeninformation: 2 Rue Nationale, 35300 Fougères, Tel. +33 2 99 94 12 20

Website: *destination-fougeres.bzh*

3. Saint-Just: Ausflug ins Neolithikum

Längst nicht so berühmt wie die Steinreihen von Carnac, aber kaum weniger aufschlussreich, bietet der kleine Ort Saint-Just Einblicke in die Welt der Vorgeschichte. Über mehrere Jahrtausende hinterließen Menschen ihre Spuren. Ein Besuch des Informationszentrums lässt sich gut mit einer Wanderung durch die Heidelandschaft zu den vorgeschichtlichen Orten verbinden.

Wald- und Feldbrände waren es, die das wissenschaftliche Interesse auf die steinzeitlichen Reste in der Heide von Cojoux in der Nähe des Dorfes Saint-Just zog. Zwar waren die vorgeschichtliche Reste seit Langem bekannt, doch erst als Großbrände in den Jahren 1976 und 1989 die Vegetation weitgehend vernichteten, unterzog man die nun freiliegenden Megalithen genaueren Untersuchungen. Es stellte sich heraus, dass der Ort seit etwa 5000 v. Chr. über viele tausend Jahre für Steinsetzungen und Grabanlagen genutzt wurde.

Im Informationszentrum Mégalithes et Landes mitten im Dorf gibt eine Ausstellung mit Schautafeln und Modellen eine gute Einführung in die Welt der Megalithen. Die steinernen Monumente selbst lassen sich auf einer Wanderung durch die offene Heidelandschaft bewundern. Mehrere Wege sind ausgeschildert, von 30 Minuten bis zu zweieinhalb Stunden. Der Reiz besteht darin, dass die einzelnen Stätten sehr unterschiedlich sind und verschiedenste Aspekte dokumentieren.

Der Weg beginnt am Ortsrand und schon nach wenigen Minuten erscheinen zwei noch relativ unscheinbare Grabhügel, Croix Madame genannt. Deutlich interessanter dann einige Meter unterhalb einer alten Mühle drei Alignements, Steinreihen, die nicht wie in Carnac parallel verlaufen, sondern auf einen gemeinsamen Punkt ausgerichtet sind. Der Grund? Unbekannt! Ein gutes Stück weiter die Demoiselles de Cojoux, zwei etwa drei Meter hohe Menhire. Sie sollen zwei Mädchen darstellen, die lieber in der Heide tanzen gingen als den Gottesdienst zu besuchen: Zur Strafe erstarrten sie zu Stein! Eine weitere junge versteinerte Dame, ganz offensichtlich

Rätselhafte Steine in der Heide ...

schwanger, liegt nicht weit entfernt umgestürzt am Boden.

Das Château Bû, der nächste Stopp, ist eine große Anlage, die sich über eine Fläche von 35 mal 25 Metern ausbreitet und aus mehreren Grabanlagen besteht, 5500 und 3500 Jahre alt. Auch der 4500 Jahre alte Grabhügel Croix-Saint-Pierre wurde oberhalb dreier Dolmen errichtet, die mit einem Alter von etwa 7000 Jahren zu den frühesten Resten von Saint-Just gehören. Noch ein wenig weiter eine Stätte, die den schönen

... formen sich zu Steinreihen voller Geheimnisse.

Die Demoiselles de Cojoux: zwei versteinerte Mädchen

Namen Le Tribunal trägt: 15 aufrecht stehende Steinblöcke und ein einzeln stehender Stein – ein Angeklagter vor seinen Richtern. Möglicherweise war dies ein Ort für astronomische Beobachtungen. Von der Grabstätte Le Four Sarrazin führt der archäologische Weg wieder zum Ausgangspunkt zurück.

Etwas abseits liegt die Allée Couverte de Tréal, ein vorzüglich erhaltenes Ganggrab mit 39 Menhiren und beeindruckenden Maßen: 15,50 Meter lang, 1,20 breit, 1,60 Meter hoch. Alle Steine und auch die Decksteine stehen noch – in diesem Erhaltungszustand selbst in der Bretagne eher selten und deshalb allein schon einen Abstecher wert.

INFO

Lage und Anfahrt: Saint-Just liegt 55 Kilometer südwestlich von Rennes.

Aktivitäten:

- Maison Mégalithes et Landes: Museum und Informationszentrum über die megalithischen Funde in Saint-Just und Umgebung. Im Museum erhält man auch Faltblätter mit Informationen zu Wander- und Fahrradwegen; 10 Allée des Cerisiers, 35550 Saint-Just, Tel. +33 2 99 72 36 53, *megalithesetlandes.com*
- Manoir de l'Automobile in Lohéac: Das Museum befindet sich in einem früheren Gutshof in einem Dorf 15 Kilometer nördlich von Saint-Just und präsentiert eine Sammlung von mehr als 400 Fahrzeugen aus allen Epochen der Automobilgeschichte – vom Oldtimer über Straßenkreuzer bis zu modernen Rennwagen; 4 Rue de la Cour Neuve, 35550 Lohéac, Tel. +33 2 99 34 02 32, *manoir-automobile.fr*

Touristeninformation: Place de la République, 35600 Redon, Tel. +33 2 99 71 06 04

Websites:

- *www.tourisme-pays-redon.com*
- *saintjust35.fr/le-tourisme*

4. La Gacilly: Kapitale der Naturkosmetik

In einem Dachboden des Dorfes La Gacilly liegen die Ursprünge eines Weltkonzerns. Hier startete Yves Rocher vor mehr als einem halben Jahrhundert den kometenhaften Aufstieg seiner Firma; bis heute steuert der Familienkonzern von dem bretonischen Dorf aus die Geschäfte in aller Welt. Alles in La Gacilly dreht sich um Pflanzen, Natur und Kosmetik.

Früh schon begeisterte sich Yves Rocher (1930-2009) für die Natur. Ohne große formale Schulbildung begann er in jugendlichem Alter, auf dem elterlichen Dachboden mit den Extrakten von Scharbockskraut eine Creme gegen Hämorrhoiden zusammenzumischen. Da ihm die Mittel für ein Ladengeschäft fehlten, verkaufte er sie über Annoncen und wurde einer der Pioniere des Versandhandels. Die Produktpalette erweiterte sich, und 1959 gründete Yves Rocher in La Gacilly die Firma, die heute noch seinen Namen trägt.

Aus bescheidenen Anfängen erwuchs ein Weltkonzern mit zahlreichen Marken, der nicht nur die bekannten Naturkosmetika umfasst, sondern auch in Textilproduktion und -handel einen Namen hat. Heute arbeiten etwa 15.000 Mitarbeiter für den Rocher-Konzern und seine Tochterfirmen. Bretone durch und durch, blieb Yves Rocher seinem Heimatort und der Region stets verbunden. 46 Jahre lang stand der Selfmademan dem 2000-Seelen-Dorf als Bürgermeister vor, lange Jahre vertrat er die Region im Generalrat des Départements und im Regionalrat der Bretagne. Die Tradition setzt sich fort, heute ist sein Sohn Jacques Bürgermeister der Gemeinde.

Und nach wie vor befindet sich der Hauptsitz der Kosmetikfirma in La Gacilly. Die Gruppe Rocher ist der größte Arbeitgeber weit und breit, sie betreibt in der Region mehrere Fabriken und spezialisierte Gärtnereien. Attraktiv ist der botanische Garten, der nicht nur gängige medizinische und kosmetische Pflanzen präsentiert wie Ringelblumen, Kamille oder Arnika. Mit der Pflanzung und Nachzucht von mehr als 1500 verschiedenen Pflanzenarten will er zugleich für die Erhaltung der Pflanzenvielfalt in der Welt werben.

Botanischer Garten von Yves Rocher

Fotofestival in La Gacilly

Ein mit großem digitalen Aufwand gestaltetes Museum informiert nicht nur über das Unternehmen, sondern auch über seine Visionen und Aktivitäten zur Erhaltung der Natur.

Doch nicht nur aus kosmetischen Gründen lohnt sich ein Besuch von La Gacilly. Jeden Sommer verwandelt sich das Dorf in ein Freiluftmuseum der Fotografie, wenn von Juni bis September das Festival „La Gacilly Photo" stattfindet. Hunderte von großformatigen Fotografien werden im Dorf ausgestellt, zuweilen bedecken die farbigen Bilder ganze Hauswände. Renommierte Fotografen aus aller Welt werden zur Präsentation ihrer Werke eingeladen, viele Bilder stammen aber auch von ambitionierten Amateuren. Die Ausstellung soll durchaus auch provozieren: Ziel ist es, den Betrachter zum Nachdenken über die Zukunft des Planeten anzuregen, zu Visionen und neuen Perspektiven zu ermutigen.

INFO

Lage: La Gacilly liegt im Departement Morbihan 60 Kilometer südwestlich von Rennes.

Aktivitäten:

- Jardin Botanique Yves Rocher à la Gacilly: 5 La Croix des Archers, 56200 La Gacilly, Tel. +33 2 99 08 37 36, *maisonyvesrocher.fr/fr/la-gacilly/jardin-botanique*
- Musée Immersif Yves Rocher: Präsentationen von 45 Minuten Dauer; Le Bout du Pont, Le Moulin, 56200 La Gacilly, Tel. +33 2 99 08 37 36, *maisonyvesrocher.fr/fr/musee-immersif*

Unterkunft:

- Le Grée des Landes: zur Gruppe Yves Rocher gehörendes 4-Sterne-Wellnesshotel mit großem Spa und Bio-Restaurant; Cournon, 56200 La Gacilly, Tel.+33 2 99 08 50 50, *lagreedeslandes.com*

Touristeninformation: Place du Bout du Pont, 56200 La Gacilly, Tel. +33 2 99 08 21 75

Website: *destination-broceliande/oustbroceliande.com*

5. Der Wald von Brocéliande: bei Morgane, Viviane und Lancelot

Das Tal ohne Wiederkehr, das Grab des Zauberers Merlin, die Brücke der Geheimnisse ... Orte im Wald von Brocéliande, die eng mit dem Legendenkreis um den König Artus und seine Tafelrunde verwoben sind. In der Stille und Abgeschiedenheit des größten Waldgebiets der Bretagne begegnet man vielen Spuren uralter keltischer Sagen.

Ein Wald voller Mythen

Über Jahrhundert nur von Mund zu Mund überliefert, fanden keltische Erzählungen im hohen Mittelalter Eingang in die höfische Literatur. Galten doch die Abenteuer des König Artus und seiner Ritter, darunter Lancelot, Parzival und Tristan, als Vorbild ritterlicher Tugenden. Seit Chrétien de Troyes im 12. Jahrhundert den Stoff für die ersten Artusromane in der „Matière de Bretagne" fand, verbreitete sich die Gattung sehr schnell über ganz Europa. Und viele Stoffe sind bis heute lebendig: in den Opernlibretti Richard Wagners ebenso wie in Büchern John Steinbecks und J.R.R. Tolkiens oder gar in einem Fantasy-Film wie „Nachts im Museum".

In diesem Streifen spielt der Ritter Lancelot eine zentrale Rolle. Als Kind ließ ihn seine Mutter an einem See im Wald von Brocéliande zurück, und die Fee Viviane zog ihn groß. Der See vor dem Schloss Comper schützte ihren vom Zauberer Merlin geschaffenen Kristallpalast vor den Blicken der Fremden. Das Schloss selbst ist wenig mehr als ein befestigter Gutshof, jedoch mit seinem düsteren Ambiente und seinen von Gräben umgebenen verfallenden Mauern wildromantisch, heute ist es Sitz des Centre de l'Imaginaire Arthurien. Der Wald von Brocéliande, korrekter Wald von Paimpont, ist mit

Kloster von Paimpont

etwa 9000 Hektar das größte Waldgebiet der Bretagne, letzter Rest der ausgedehnten Wälder, die einst das Innere der Halbinsel bedeckten. Seine verwunschene Schönheit erschließt sich am besten auf Spaziergängen, Wanderungen und Radtouren. In der Mitte liegt die Ortschaft Paimpont malerisch an einem See. Ihr Bild wird geprägt von den Gebäuden einer alten Abtei, deren Gründung auf die Zeit der irischen Mönche im 7. Jahrhundert zurückgeht.

Im Dorf Tréhorenteuc steht die Gralskirche, eigentlich Sainte-Onenne. Doch der frühere Ortspfarrer Abbé Gillard ließ nach dem Zweiten Weltkrieg die Kirche von zwei deutschen kriegsgefangenen Künstlern mit Motiven aus den Rittererzählungen ausmalen. Und behauptete, dass in der Umgebung der heilige Gral, der wundertätige Kelch Christi, zu suchen sei. Nicht weit von der Kirche beginnt der Weg ins Tal ohne Wiederkehr. Die Fee Morgane verwandelte hier ihren umschwärmten Ritter in einen Felsen, als sie ihn zusammen mit einer anderen Frau erblickte. Und sie belegte das Tal mit einem Zauber, der alle untreuen Liebhaber, die es passieren wollten, für aller Ewigkeit darin festhalten sollte. Erst Lancelot konnte Morgane überzeugen, die Unglücklichen wieder freizulassen.

Eine Wanderung von Tréhorenteuc führt in etwa einer Stunde zur Wasserburg von Trécesson, einem trutzigen romantischen Gemäuer. Unterwegs in den Wäldern befinden sich immer wieder prähistorische Steingräber, die mit den Feen und Zauberern verbunden werden. Doch ist der Wald von Paimpont wirklich das Brocéliande der Artussagen? Oder sind die Geschichten nur eine Erfindung des 19. Jahrhunderts? Doch ungeachtet ihrer historischen Wahrheit sind die romantischen Fantasien auf jeden Fall inspirierender als die nüchterne Realität.

Gralskapelle in Trehorenteuc

INFO

Lage: Paimpont liegt etwa 45 Kilometer westlich von Rennes.

Aktivitäten:

- Abbaye de Paimpont: Die Gebäude der Abtei von Paimpont mit ihrer Kirche beherrschen das Ortsbild; im Sommer werden in den Räumlichkeiten Ausstellungen und andere Veranstaltungen organisiert. Eine Multivisionsshow „La Porte des Secrets“ bietet eine animative Einführung zu einem Besuch des Walds von Brocéliande und seinen Legenden; 1 Place du Roi Saint-Judicaël,

35380 Paimpont, Tel. +33 2 99 07 84 23, *tourisme-broceliande.bzh/activite/la-porte-des-secrets*

- Château de Comper: Die Burg im Wald liegt acht Kilometer nördlich von Paimpont und ist Sitz des Centre de l'Imaginaire Arthurien, das mit Ausstellungen, Theateraufführungen und Führungen die sagenhafte Welt von König Artus und seiner Tafelrunde lebendig werden lassen will; Château de Comper, 56430 Concoret, Tel. +33 2 97 22 79 96, *broceliande-centre-arthurien.com*
- Wandern und Radfahren: Karten der Wander- und Radwege sowie Tourenvorschläge sind in den touristischen Informationsbüros erhältlich. Während der Jagdsaison von Mitte September bis Ende März sind Teile des Waldgebietes nicht öffentlich zugänglich. Bitte informieren Sie sich vor einer geplanten Radtour oder Wanderung.
- Les Forges de Paimpont: Für an Technik- und Wirtschaftsgeschichte Interessierte ist ein Besuch des historischen Eisenwerks lohnend, das vom 18. Jahrhundert bis 1954 in Betrieb war; Les Forges de Paimpont, 35380 Paimpont, Tel.+33 2 99 61 85 48, *forgesdepaimpont.fr*
- Menhirs de Monteneuf: Ganz im Süden des Waldgebiets, etwa 20 Kilometer südlich von Paimpont, befinden sich die erst 1976 nach einem Großfeuer entdeckten Menhire von Monteneuf, an Zahl mehr als 500, von denen einige wieder aufgerichtet wurden; Parkplatz an der D 776, Wanderwege sind ausgeschildert. Informationen im Centre Les Landes, Tel. +33 2 97 93 26 74, *menhirsmonteneuf.fr*

Touristeninformationen:

- 1 Place du Roi Saint-Judicaël, 35380 Paimpont, Tel. +33 2 99 07 84 23
- 1 Place Abbé Gillard, 56430 Tréhorenteuc, Tel. +33 2 97 22 36 43

Websites:

- *tourisme-broceliande.bzh*
- *broceliande-vacances.com*
- *broceliande.guide*

6. Josselin: das Schloss der Rohan

Romantik pur: Steil erheben sich die wehrhaften Mauern und Türme der Burg von Josselin über der Wasserfläche des Flusses Oust. Die Burg ist der Stammsitz der Familie Rohan, viele Jahrhunderte lang eines der mächtigsten Adelsgeschlechter Frankreichs. Umrahmt werden die Türme und Mauern von einer bezaubernden mittelalterlichen Altstadt.

Romantisch erhebt sich die Burg über den Fluss Oust.

Im Jahr 1008 erbaute Guéthenoc de Porhoët, Urvater des Adelsgeschlechts Rohan, die erste Burg in erhöhter Lage über dem Fluss Oust. Ihren Namen bekam sie von seinem Sohn Josselin de Rohan. Die Nachfahren bewohnen die Burg bis heute.

Über Jahrhunderte waren die Rohans eines der bedeutenden Adelsgeschlechter der Bretagne und ganz Frankreichs. Zu ihrem Feudalbesitz gehörten große Teile im Zentrum und im Westen der Bretagne. Zeitweise galten die Rohans sogar als Anwärter auf die bretonische Herzogswürde. Bis heute gehören sie, inzwischen in viele Zweige zersplittert, zu den tonangebenden Familien der Bretagne. Der derzeitige Schlossherr Josselin de Rohan-Chabot ist ein angesehener Politiker im Ruhestand, er war fast 30 Jahre lang Senator und sechs Jahre Präsident des Regionalrats der Bretagne.

Zum Fluss Oust hin, der zum Nantes-Brest-Kanal ausgebaut wurde, präsentiert sich das Schloss als wehrhafte Burg mit hohen runden Türmen und dicken Mauern. Die Befestigungen entstanden in den letzten Jahrzehnten des 14. Jahrhunderts. Mit neun Türmen war Josselin eine der stärksten Festungen der Bretagne. Da die Rohans zeitweise Sympathien für den Protestantismus zeigten, ließ Kardinal Richelieu im Jahr 1629 den größten Teil der Wehrmauern und Türme schleifen.

Wallfahrtskirche Notre-Dame du Roncier

Unbesiegbar erscheinen Türme und Mauern.

Was stehen blieb, ist imposant genug. Auf der der Stadt zugewandten Seite zeigt sich das zweite Gesicht der Burg: eine vornehme Adelsresidenz aus der Zeit der beginnenden Renaissance. Ihr Schmuckstück ist die Fassade, 1490 bis 1510 erbaut und seither kaum verändert. Sie steht noch in der Tradition mittelalterlicher Bauten, fehlt ihr doch die vollkommene Symmetrie, die Schlösser späterer Jahrzehnte auszeichnet. Aber der Wille zur repräsentativen Gestaltung ist unübersehbar: Eine filigran ornamentierte steinerne Galerie umschließt das gotisch steile Dach, und die Lukarnen, die aus dem Dach heraustretenden Zwerchhäuser, sind aufs Reichste geschmückt.

Später verfiel das Schloss und die alten Gebäude blieben zeitweise unbewohnt. Erst im Jahr 1850 machten die Herzöge von Rohan-Chabot das Anwesen wieder zu ihrer Residenz. Zu besichtigen sind neben den Gärten die Räume im Erdgeschoss mit wertvollem Mobiliar, Gemälden, Erbstücken aus vielen Jahrhunderten Familiengeschichte und der größten Puppensammlung Frankreichs mit etwa 5000 Exponaten.

Auch die Altstadt mit ihren Fachwerkhäusern lohnt einen Rundgang. Im Mittelpunkt steht die Kirche Notre-Dame du Roncier, seit dem hohen Mittelalter ein bedeutendes Wallfahrtsziel. Ihre heutige bauliche Gestalt im Stil der Flamboyant-Gotik erhielt sie im 15. Jahrhundert. Der Turm lässt sich besteigen: Von der Aussichtsplattform bietet sich ein großartiges Panorama über Schloss, Stadt und die grüne Umgebung.

Fachwerk und Gotik prägen das Stadtbild.

INFO

Lage: Josselin liegt im Herzen der Bretagne etwa 80 Kilometer westlich von Rennes.

Aktivitäten:

- Château de Josselin: Wahrzeichen von Josselin im Herzen der Stadt; Place de la Congrégation, 56120 Josselin, Tel. +33 2 97 22 36 45, *chateaudejosselin.com*

Touristeninformation: 1 Rue Georges le Berd, 56120 Josselin, Tel +33 2 97 22 36 43

Websites:

- *josselin.com*
- *broceliande-vacances.com*

St-Malo und die Bucht des Mont-St-Michel

Saint-Suliac, ein pittoreskes Dorf am Ufer der Rance

St-Malo und die Bucht des Mont-St-Michel

7. Die Bucht von Mont-Saint-Michel: Wandern im Wattenmeer
8. Cancale: Austernschlürfen im Akkord
9. Combourg: ein Schloss der Romantik
10. Die Malouinières bei Saint-Malo: Herrensitze der Korsaren
11. Dinard: Freilichtmuseum der Belle Époque
12. Dinan: Spaziergang ins Mittelalter

Granville
Saint-Pair-sur-Mer
Ärmelkanal
Carolles
Sartilly
8
Cancale
10
11
Paramé
Saint-Malo
Dinard
Bucht von Mont Saint-Michel
7
Mont Saint-Michel
Saint-Benoît-des-Ondes
D4
Saint-Suliac
Dol-de-Bretagne
E401
Pontorson
N176
E401
D155
Corseul
12
Dinan
Antrain
9
Combourg
Évran
D137
La Rance
Sens-de-Bretagne
Hédé-Bazouges
Médréac
Gosné
Mouazé
E3
La Mézière
Liffré
A84
Betton
E50
N12

7. Die Bucht von Mont-Saint-Michel: Wandern im Wattenmeer

Liegt sie noch in der Normandie oder bereits in der Bretagne? Den Hunderttausenden von Besuchern, die den Mont Saint-Michel jedes Jahr erstürmen, kann es egal sein. Wer ein wenig Ruhe sucht und trotzdem die zauberhafte Atmosphäre des Märchenschlosses nicht missen will, die dieser einzigartige mittelalterlichen Klosterberg ausströmt, dem sei empfohlen, sich dem historischen Heiligtum zu Fuß zu nähern.

Mont-Saint-Michel

Die Gezeitenströme in der Bucht von Mont-Saint-Michel gehören zu den stärksten der Welt. In der Spitze beträgt der Unterschied zwischen Ebbe und Flut zwölf Meter, bei gelegentlich auftretenden Springfluten sogar bis zu 14,5 Meter. Die Kraft der Gezeiten kann gewaltig sein, solange sie ungeschützt auf die Küste treffen. Eine Sturmflut ließ das Wasser im Jahr 709 bis zu 30 Kilometer ins Landesinnere eindringen und alles zerstören, was sich in den Weg stellte. Als es ablief, war die Küstenlinie viele Kilometer nach Süden verschoben. Der Mont Saint-Michel, bis dahin ein felsiger Hügel mitten in einem von zwei Römerstraßen durchschnittenen Wald, stand plötzlich als Insel mitten im Meer.

Im gleichen Jahr wurde auf der Spitze des Berges eine Kapelle gegründet, vermutlich an der Stelle eines alten keltischen Heiligtums. Sie wurde dem Erzengel Michael geweiht, nachdem er dem heiligen Aubert, Bischof von Avranches, dreimal im Traum erschienen war. Der Bau der Kirche ist Symbol für die Christianisierung des Landes: Der Erzengel Michael ging als Sieger aus dem Kampf mit dem Satan hervor. Im Hochmittelalter wurde die zunächst bescheidene Mönchsniederlassung eine weithin berühmte Abtei, zu der selbst französische Könige über Jahrhunderte pilgerten und sie mit zahllosen Reliquien und anderen Gaben überschütteten.

Kloster und Kaserne des 19. Jahrhunderts

Eine Wanderung zum Klosterberg durch das Wattenmeer ist eine gute Möglichkeit, die Aura des heiligen Berges ohne Gedränge zu spüren. Barfuß, durch Schlick und Treibsand, Wasserflächen und kleine Flüsse – wie einst die Pilger im Mittelalter. Die Wattführer kennen die besten Routen, wissen, wo man die Priele überqueren muss, und sind mit den Gezeiten vertraut. Denn eine der Gefahren der Bucht von Mont-Saint-Michel ist die hohe Geschwindigkeit, mit denen die Flut auflaufen kann.

Doch ganz so fordernd wie im Mittelalter ist die Wanderung nicht mehr. Denn die Küste ist dem Berg wieder näher gerückt. Teils durch natürliche Anschwemmung von Schlick und Sand, teils durch den Bau von Poldern, um Weide- und Ackerland zu gewinnen. Gegen Ende des 19. Jahrhunderts wurde sogar ein Damm gebaut, um den Zugang zum Mont Saint-Michel zu erleichtern. Doch drohte durch diesen Damm die Bucht rund um den Klosterberg völlig zu versanden und verlanden. So wurde er in den 2010er-Jahren abgetragen und durch eine moderne Brücke ersetzt. Bei Springflut ist der Mont Saint-Michel jetzt wieder eine Insel. Und da das Wasser des Couesnon, des Grenzflusses zwischen Normandie und Bretagne, seither sowohl im Westen als auch im Osten um den Berg geleitet wird, liegt er seither im Niemandsland zwischen Normandie und Bretagne. Oder?

Eine neue Brücke verbindet Insel und Festland.

INFO

Lage: Der Mont Saint-Michel liegt an der Grenze zwischen Normandie und Bretagne 370 Kilometer westlich von Paris.

Aktivitäten:

- Wandern zum Mont Saint-Michel: Niemand sollte die Gefahren unterschätzen, die der Weg durch das Wattenmeer mit sich bringt, und sich deshalb nur mit Führung auf den Weg machen. Die klassischen Wanderungen beginnen an der normannischen Küste in Bec d'Andaine oder Saint-Léonard westlich von Avranches. Die Wegstrecke durch das Watt beträgt etwa sieben Kilometer einfach, insgesamt ist man etwa sechs Stunden unterwegs. Die Rückfahrt mit privatem oder öffentlichen Bus ist möglich. Zeiten und Programmangebot sind gezeitenabhängig. Unter anderen bieten folgende Unternehmen geführte Wanderungen an: La Maison du Guide, 1 Rue Montoise, 50350 Genêts, Tel +33 2 33 70 83 49, *decouvertebaie.com*; Chemin de la Baie, 34 Rue de l'Ortillon , 50350 Genêts, Tel +33 2 33 89 80 88, *cheminsdelabaie.com*; von privaten Wattführern angebotene Touren sind buchbar über die Website des Fremdenverkehrsamtes: *reservation.ot-mont-saintmichel.com*
- Abbaye du Mont-Saint-Michel: Kein Geheimtipp, aber wer schon dorthin wandert, möchte vielleicht auch das mittelalterliche Kloster besichtigen; Tel. +33 2 33 89 80 00, *abbaye-mont-saint-michel.fr*
- Maison de la Baie du Mont Saint-Michel: Traktorfahrten und Wanderungen zu Muschelbänken, historischen Fischfallen und zum größten europäischen Riff von Sandkorallen; Port Est, Le Vivier-sur-Mer, Tel. +33 2 99 48 84 38, *maison-baie.com*. Vergleichbare Angebote auch bei Le Train Marin, 21 Rue du Lion d'Or, 35120 Cherrueix, Tel. +33 2 99 48 84 88, *decouvrirlabaie.com*

Touristeninformation: Grande Rue, 50170 Le Mont-Saint-Michel, Tel +33 2 33 60 14 30

Website: *ot-montsaintmichel.com*

8. CANCALE: AUSTERNSCHLÜRFEN IM AKKORD

Frischer wird man sie nirgendwo finden. Auf dem Austernmarkt am Fuße des Leuchtturms, Holzbuden mit Imbisstischen, stehen die Gourmets Schlange, um die hochgepriesenen Schalentiere an Ort und Stelle zu schlürfen. Nur mit etwas Zitrone und einem kühlen Wein. Die Bucht von Cancale ist das Mekka der bretonischen Austernzucht.

Die Austernfischerei in Cancale wurde bereits im 13. Jahrhundert nachgewiesen, ist aber wahrscheinlich älter. König Franz I. schätzte die Schalentiere so sehr, dass er im Jahr 1545 den Fischerort zur Stadt erhob. Ludwig XIV. soll zum Frühstück jeden Tag Austern genossen haben. Wusste er um die aphrodisierende Wirkung? Sein Minister Colbert jedenfalls hat die Austernzucht reguliert, in dem er den Meeresboden parzellieren und Konzessionen zur Austernernte vergeben ließ.

Pazifische Felsenauster

Heute zählt die Austernzucht in Cancale zum immateriellen historischen Erbe Frankreichs. Etwa 30 Unternehmen sind in der Branche tätig. Traditionell werden Europäische Austern gezüchtet (Ostrea Edulis), die in Frankreich als „Plates" oder als „Belons" bezeichnet werden und die höchsten Preise erzielen. Durch Raubbau und Schädlingsbefall waren die Bestände dieser Art in den 1960er-Jahren nahezu erloschen; konsequenter Schutz und verbesserte Zuchtmethoden lassen die Fangboote auf den Austernbänken vor der Küste heute wieder nennenswerte Erträge erzielen.

Die Cancalaise, Fischerboot aus der Zeit um 1900 (Nachbau)

Die Masse der in Cancale geernteten Austern sind „Creuses" – Pazifische Felsenaustern. Die Jungaustern kommen aus Zuchtbetrieben in der Biskaya, werden in Cancale in Körbe gefüllt und in den Küstengewässern an speziellen Gestellen befestigt. Bei Flut werden sie von planktonreichem Wasser durchspült und bei Ebbe fallen die Austernkörbe trocken. Nach zwei bis drei Jahren sind die Schalentiere erntereif und werden mit speziellen Fahrzeugen geerntet. Nach der Ernte werden die Schalentiere mehrere Wochen affiniert, das heißt in sauberen Becken gehalten, sodass sie ihren charakteristischen Geschmack nach Meer annehmen. Fast alle bretonischen Austern werden in Frankreich verzehrt, etwa die Hälfte der Jahresproduktion allein in den Wochen um Weihnachten.

Heute präsentiert sich Cancale als typisch bretonische Kleinstadt mit einer langgestreckten Hafenpromenade, an der sich ein Restaurant an das andere reiht. Fisch und Meeresfrüchte spielen selbstredend die Hauptrolle. Wer es uriger mag, begibt sich zum Austernmarkt, der sieben Tage die Woche geöffnet ist. Am Fuße des Leuchtturms verkaufen die Austernzüchter in Holzbuden ihre Produkte, die an Ort und Stelle geknackt, mit Zitrone beträufelt und mit einem Glas trockenen Weißwein verzehrt werden.

Blick über Hafen und Ort

Cancale ist auch die Heimat des französischen Gewürzpapstes Olivier Roellinger. In Cancale schuf „Le Chef Corsaire“ in 30 Jahren ein kleines Imperium mit Gewürzladen, Kochschule, Ferienvillen, Luxushotel und Restaurants, darunter Le Coquillage, seit 2025 das erste Drei-Sterne-Restaurant der Bretagne. Und trotz aller Speisekartenlyrik: Auch hier dreht sich das Menu vor allem um Austern & Co!

INFO

Lage: Cancale liegt am westlichen Ende der Bucht von Mont-St-Michel.

Austernzuchten:

- La Ferme Marine: Führungen ganzjährig; L'Aurore 35260 Cancale, Tel. +33 2 99 89 69 99, *ferme-marine.com*
- Ostreika: geführte Besichtigung der Austernparks (gezeitenabhängig), Tel. +33 6 33 61 04 82, *ostreika.com*

Aktivitäten:

- Bootsfahrt mit der Cancalaise: originalgetreuer Nachbau eines traditionellen Segelschiffes der Austernfischer um 1900; Tel. +33 2 99 89 77 87, *lacancalaise.org*
- Delfinbeobachtung: Die Naturschutzorganisation Al Lark organisiert von Mitte März bis Mitte November Bootsfahrten zur Beobachtung der Delfine in der Bucht von Mont-St-Michel, Tel. +33 2 57 64 04 40, *al-lark.org*
- Wanderung: Lohnend ist der Küstenweg auf dem GR34 von der Pointe du Grouin, fünf Kilometer nördlich von Cancale bis zum Strande Plage du Guesclin, Länge ca. sechs Kilometer, Dauer 1,5 Stunden.
- Épices Roellinger: Gewürzladen; 1 Rue Duguesclin, 35260 Cancale, Tel. +33 2 23 15 13 91, *epices-roellinger.com*

Restaurants:

- Streetfood à la française: Austernmarkt, Rue des Parcs – Le Port, 35260 Cancale, *marcheauxhuitres-cancale.com*
- Le Bistrot de Cancale, 5 Rue Eugèn et Auguste Feyen, 35260 Cancale, Tel. +33 2 99 89 64 76, *maisons-de-bricourt.com*
- Le Coqillage: 3-Sterne Restaurant im Luxushotel Château Richeux, sechs Kilometer südlich von Cancale am Meer; Le Buot, 35350 Saint-Méloir-des-Ondes, Tel. +33 2 99 89 64 76, *maisons-de-bricourt.com*

Touristeninformation: 44 Rue du Port, 35260 Cancale, Tel. +33 2 99 56 66 99

Websites:

- *saint-malo-tourisme.com*
- *cancale-tourisme.fr*

9. Combourg: ein Schloss der Romantik

Eine Burg mit massigen Türmen überragt den Landflecken Combourg. Hinter ihren Mauern wuchs François-René de Chateaubriand auf, eine der schillerndsten Figuren der Zeit nach der Französischen Revolution. Politiker und Diplomat, Katholik und Royalist zugleich, gilt der Schriftsteller als bedeutendster französischer Vertreter der Romantik.

Die Burg prägt das Ortsbild von Combourg.

François-René de Chateaubriand wurde 1768 als jüngstes von zehn Kindern in eine adlige Familie geboren. Sein Vater war in Saint-Malo als Kapitän und Reeder zu großem Reichtum gekommen: in Kriegszeiten als Freibeuter, in Friedenszeiten als Kaufmann. Er erwarb die Burg Combourg und baute die düstere Festung für seine Familie zu einer repräsentativen und standesgemäßen Residenz aus, die sie im Jahre 1777 bezog. Chateaubriand verbrachte hier den größten Teil seiner Kindheit und seine frühe Jugend. Ob es eine glückliche Zeit war? Wir wissen es nicht. Er selbst jedenfalls schwärmt in seinen posthum veröffentlichten Memoiren in höchsten Tönen von seinen Jahren in Combourg. Schon kurz nach seinem Tode 1848 wurde die Burg zu einem Wallfahrtsort seiner literarischen Jünger.

Chateaubriands Leben war bewegt und führte ihn durch viele Länder. Zunächst wurde er Offizier, dann begab er sich während der Revolutionsjahre als Monarchist ins Britische Exil. Als Anhänger Napoléons kehrte er nach Frankreich zurück, wurde aber schnell zu seinem Gegner und nach 1815 zu einem Fürsprecher der Restauration. Unter Ludwig XVIII. wurde er Botschafter in Berlin, London und Rom, gab seine Posten jedoch schnell wieder auf, weil er sich mit Gott und der Welt überwarf.

Sein Leben lang war Chateaubriand literarisch tätig, verfasste Erzählungen, historische Betrachtungen, Reiseberichte, politische Essays und Traktate. Berühmt wurde er 1801 mit seinen Büchern „Atala" und „René", die als erste Werke der französischen Romantik gelten. Wie kaum ein anderer war er fähig, mit Worten Bilder zu zeichnen, Landschaften durch einfühlsame Schilderung zum Leben zu erwecken, inneren Gefühlen seiner Protagonisten Ausdruck zu

Ein Wald von Türmen, Kaminen und Lukarnen

Wehrbau und Residenz der Familie Chateaubriand

geben. Chateaubriand wurde zum Vorbild für Generationen von Literaten und wird bis heute in Frankreich ähnlich verehrt wie Goethe in Deutschland. Dabei war der schwärmerische Freigeist keinesfalls eine Lichtgestalt, sondern sein gesamtes Leben lang in seinem Handeln und Denken genauso zerrissen wie das revolutionäre und nachrevolutionäre Frankreich. Als Ultramonarchist wollte er eine katholische, feudal geprägte Gesellschaft neu beleben und zugleich trat er mit Verve als Vorkämpfer für Meinungs- und Pressefreiheit auf.

Das Schloss gehört heute noch heute den Nachfahren der Familie des Dichters; seinen Anhängern gilt es als „steinerne Druckfahne eines literarischen Meisterwerks". 1875 wurde es im Sinne des Historismus renoviert und als mittelalterliche Festung in Szene gesetzt. Die Gartenarchitekten Denis und Eugène Bühler gestalteten den Park nach Inspirationen aus den Memoiren Chateaubriands. Die Innenräume sind heute in Gänze seinem Andenken gewidmet.

Seine Grabstätte fand Chateaubriand auf der Insel Grand Bé vor den Mauern von Saint-Malo. Ohne jede Inschrift, mit Blick auf das Meer. Romantischer könnte der Platz nicht sein.

INFO

Lage: Combourg liegt etwa auf halben Wege zwischen Rennes und Saint-Malo, jeweils 35 Kilometer entfernt.

Aktivitäten:

- Château de Combourg: nur mit Führung zu besichtigen; 23 Rue des Princes, 35270 Combourg, Tel. +22 2 99 73 22 95, *chateau-combourg.com*

Literaturempfehlung: François-René de Chateaubriand, Kindheit in der Bretagne, Hoffmann und Campe Verlag 2018

Touristeninformation: 9 Rue Notre-Dame, 35270 Combourg, Tel. +33 2 99 56 66 99

Websites:

- *saint-malo-tourisme.com*
- *bretagneromantique.fr*

10. Die Malouinières bei Saint-Malo: Herrensitze der Korsaren

In der Blütezeit der Seefahrerstadt Saint-Malo zog es die Herren der Meere aufs Land. Die zu Wohlstand und Reichtum gekommenen Kapitäne, Reeder und Kaufleute entflohen im Sommer den engen und stickigen Gassen der ummauerten Altstadt und bauten sich teils prunkvolle Landsitze im Umland: die Malouinières.

Das Landhaus von Jacques Cartier

Das älteste dieser Landhäuser gehörte einst Jacques Cartier, der von 1491 bis 1557 lebte. Der Entdecker des Sankt-Lorenz-Stroms kaufte sich ein stattliches Bauernhaus mit massivem Treppenturm wenige Kilometer vor den Mauern von Saint-Malo. Dank kanadischer Mäzene wurde es als Gedenkstätte für die frühen Eroberungen französischer Seefahrer im Norden Amerikas mustergültig restauriert und mit zeitgenössischen Möbeln ausgestattet.

Cartier stand ganz in der Tradition der Kapitäne aus Saint-Malo. Seit dem späten Mittelalter wagten sie sich immer weiter in die Ozeane hinaus. Einen großen Aufschwung nahm der Hafen unter

Ludwig XIV., als Handelskompanien für den Handel mit aller Welt gegründet wurden. Zudem befand sich der Sonnenkönig nahezu ständig im Krieg mit England – und das Kapern von englischen Handelsschiffen war ein legales Mittel der Seekriegsführung. Für die „Corsaires" aus Saint-Malo ein lohnendes Geschäft, denn die Beute wurde geteilt: Je ein Drittel für König, Reeder und Besatzung. Mehr als die legalisierte Variante der Seeräuberei trug aber der Handel mit Sklaven und Kolonialwaren zur Blüte des Hafens bei. Auch die Grande Pêche, die Kabeljau-Fischerei vor den Küsten Neufundlands, war ein lukratives Geschäft.

Mit wachsendem Reichtum und Selbstbewusstsein der Reeder und Kapitäne wurden ihre Sommerresidenzen immer prunkvoller. Es gab mehr Platz als in den beengten Gebäuden innerhalb der Stadtmauern. Hier konnten es die Bürger sich gut gehen lassen, Wohlstand und merkantilen Erfolg zur Schau stellen, und trotzdem, wenn es erforderlich war, in wenigen Stunden Hafen oder Kontor erreichen.

In Frankreich sind solche bürgerlichen Landsitze des 17. und 18. Jahrhunderts einzigartig. Mehr als hundert der einst über 300 Malouinières sind erhalten. Die meisten entstanden zwischen 1650 und 1730. Seit etwa 1700 setzte sich der Stil des Architekten Siméon Garangeau (1647-1741) durch, eines Schülers des Festungsbauers Vauban: streng gestaltete symmetrische Granitfassaden mit großen Fenstern, steile Dächer mit hohen Kaminen, große Parks im barocken französischen Stil. Ein Ambiente, das klassische Majestät und militärische Strenge verbindet.

Maliounière de la Ville Bague

Maliounière de la Chipaudière

Viele Landhäuser sind verfallen, einige jedoch prachtvoll restauriert. Repräsentativ ist die Malouinière de la Ville Bague in einem großen Park bei Saint-Coulomb. Sie wurde 1715 von der Kaufmannsfamilie Eon errichtet, wechselte dann häufiger den Besitzer und wurde seit 1975 von der Familie Chauveau sorgsam restauriert. Seit 1710 ununterbrochen im Besitz der Reeder- und Kaufmannsfamilie Magon ist das Anwesen La Chipaudière fünf Kilometer südöstlich des Hafens. Mit seinem französischen Garten und dem von Garangeau erbauten Herrenhaus ist es ein imposantes Denkmal aus einer Zeit, als Kapitäne aus Saint-Malo die Weltmeere beherrschten.

Strand an der Anse du Guesclin

INFO

Lage: Saint-Malo liegt an der Nordküste der Bretagne.

Aktivitäten:

- Musée Jacques Cartier: Rue David Macdonald Stewart, 35400 Saint-Malo, Tel. +33 2 99 40 97 73, *musee-jacques-cartier.fr*
- Malouinière de la Ville Bague: La Ville Bague, 35350 Saint-Coulomb, Tel. +33 2 99 89 02 17, *lavillebague.com*
- Malouinière de la Chipaudière: La Chipaudière, 35400 Saint-Malo, Tel. +33 6 66 10 26 76, *chipaudiere.com*
- Das Hinterland von Saint-Malo ist mit kleinen Nebenstraßen und Radwegen gut erschlossen. Mehrere Rundtouren zu Malouinières: *saint-malo-tourisme.com*

Strände: Saint-Malo besitzt eine Reihe von Stadtstränden, die den Ruf der Stadt als Sommerfrische etablierten. Zwischen Saint-Malo und Cancale finden sich mehrere Sandstrände:

- Plage des Chevrets: breiter von Dünen gesäumter Sandstrand an einer weitgeschwungenen Bucht
- Plage de la Touesse: Hier hatte die Schriftstellerin Colette eine Ferienvilla und wurde zu ihrem 1923 erschienenen Roman „Le Blé en Herbe" inspiriert, der von der Liebe eines jungen Mannes zu einer deutlich älteren Frau handelte – seinerzeit ein Skandal.
- Anse du Guesclin: Schöner Sandstrand in einer Bucht mit einer vorgelagerten befestigten Insel, die dem französischen Chansonnier Leo Ferré gehörte.

Unterkunft:

- Hotel Le Valmarin: 3 Sterne, mit historischem Flair in einer früheren Malouinière im Stadtteil Saint-Servan; 7 Rue Jean XXIII, 35400 Saint-Malo, Tel. +33 2 99 81 94 76, *levalmarin.fr*

Touristeninformation: Esplanade Saint-Vincent, 35400 Saint-Malo, Tel. +33 2 99 56 66 99

Websites:

- *saint-malo-tourisme.com*
- *st-malo.com*
- *saintcoulomb-tourisme.fr*
- *carnetsvanille.com*

11. Dinard: Freilichtmuseum der Belle Époque

Agatha Christie hat hier Schwimmen gelernt. Claude Debussy ließ sich zu seinem Meisterwerk „La Mer" inspirieren. Picasso schaute den Schönheiten am Strand hinterher und schuf anschließend eine Reihe von Meisterwerken. Dinard war *das* bretonische Seebad der Belle Époque, beliebt vor allem bei Sommerfrischlern aus England.

Heute präsentiert sich Dinard als Relikt einer untergegangenen Epoche. Mehr als 400 denkmalgeschützte Villen säumen Küste und ansteigende Hügel – Zeugen einer Zeit, in der Adel und gehobenes Bürgertum begannen, jedes Jahr einige Wochen am Meer

Blick vom Plage d'Écluse

zu verbringen. Mit durchschnittlichen Höchsttemperaturen von 21 Grad im Juli und August waren Dinard und seine Nachbarorte Saint-Lunaire und Saint-Briac auch für hitzescheue Engländer sehr attraktiv, die jeden Sommer das Seebad in großer Zahl bevölkerten.

Die urbane Sommerfrische wurde nach 1856 quasi aus dem Nichts geschaffen. 1858 wurde ein bescheidenes Hotel am Strand eröffnet, das heutige Grand Hotel. 1868 wurde für die damalige Kaiserin Eugénie eigens eine Villa für ihren Sommeraufenthalt gebaut, doch sie kam leider nie. Ein Ehekrach mit ihrem Gatten Napoléon III.

um die Mitnahme des Lieblingshundes soll dafür verantwortlich gewesen sein. Und 1870 war es mit dem Glanz des Second Empire zu Ende.

Art-déco Hotel Le Gallic

Dem Aufstieg Dinards zum bekanntesten bretonischen Seebad der Belle Époque tat dies keinen Abbruch. Mit der Eröffnung der Eisenbahn 1887 begann die große Zeit. Sie hielt bis nach dem Ersten Weltkrieg an, als das Art déco den Stil der Belle Époque verdrängte. Das frühere Hotel Gallic gegenüber der Plage de l'Écluse ist ein hervorragendes denkmalgeschütztes Beispiel. Nach dem Zweiten Weltkrieg verfiel Dinard in eine Art Dornröschenschlaf, und auch die gutgemeinten Aktivitäten wie das Festival des Britischen Films können nicht verbergen, dass Dinards große Zeit Geschichte ist.

Den Besucher lädt Dinard zu Spaziergängen förmlich ein: Ein Fußweg schlängelt sich um die Küstenfelsen, sodass sich ständig neue Panoramen über das Meer und die Villen bieten. Vom Plage du Prieuré zieht sich die romantische Mondscheinpromenade (Promenade du Clair de Lune) zum Fährhafen und weiter zur Pointe du Moulinet – rechter Hand immer wunderbare Blicke über die Rance zur ummauerten Stadt Saint-Malo. Der Weg zieht sich dann weiter um den Plage de l'Écluse mit Schwimmbad und Kasino zur Pointe de la Malouine und zum Strand von Saint-Énogat, dem größten von Dinard.

Villa Kerozar

Die historischen Villen verstecken sich keineswegs hinter hohen Mauern oder Hecken, sondern thronen oft in exponierter Lage auf Anhöhen über dem Meer. Der Baustil ist historistisch und eklektisch – alles war möglich und erlaubt: Erker, Dachgauben und Balkone jeglicher Art, mit Balustraden umsäumte Terrassen, Fassaden aus Granit, Ziegeln, Fachwerk mit oder ohne barockem Schmuck, zweigeschossige Mansardendächer, Türmchen, hohe Kamine. Repräsentativ musste die Residenz sein, auch wenn man sie nur wenige Wochen im Jahr bewohnte. Nicht der Aufenthalt in der Natur war das Ziel einer Reise zur Sommerfrische nach Dinard, sondern die Pflege des gesellschaftlichen Lebens: Sehen und gesehen werden!

Villas Bel Assise und Roche Plate

St-Briac, Luxushotel Château de Nessay

INFO

Lage: Dinard liegt an der Nordküste der Bretagne am Westufer der Rance gegenüber von Saint-Malo.

Aktivitäten:

- Usine Marémotrice de la Rance: für Technikbegeisterte und Klimaschützer. In den 1960er-Jahren wurde in der Mündung der Rance das weltweit erste große Kraftwerk errichtet, das die starken Gezeitenströme an der bretonischen Küste zur Stromerzeugung ausnutzt; 35780 La Richardais, Tel. +33 2 99 16 37 14, *edf.fr/usine-maremotrice-rance/produire-de-lelectricite*
- Musée Manoli: Museum und Skulpturengarten des Künstlers Pierre Manoli (1927-2001); 9 Rue du Suet, 35780 La Richardais, Tel. +33 2 23 18 72 79, *manoli.org*
- Golf de Dinard: historischer Golfplatz von 1887 mit denkmalgeschütztem Clubhaus; 53 Boulevard de la Houle, 35800 St-Briac-sur-Mer, Tel. +33 2 99 88 32 07, *dinardgolf.com*

Strände:

- Dinard: Der längste Badestrand von Dinard ist der Plage de Saint-Énogat westlich vom Stadtzentrum.
- Saint-Lunaire: Grande Plage im Ortszentrum und Plage de Longchamp im Westen
- Saint-Briac: Die Küstenlinie ist zerklüftet mit zahlreichen kleineren Strandbuchten, darunter der mondäne Plage de la Grande Salinette.

Unterkunft:

- Château de Nessay: wunderschön auf einer Halbinsel in Saint-Briac gelegenes intimes Luxushotel; mit Restaurant: Boulevard du Bechay, 35800 Saint-Briac sur Mer, Tel. +33 2 99 21 02 10, *lenessay.com*

Touristeninformation: 2 Boulevard Féart, 35800 Dinard, Tel. +33 8 21 23 55 00

Website: *dinardemeraudetourisme.com*

12. Dinan: Spaziergang ins Mittelalter

Ein pittoresker Hafen am Fluss, eine gut erhaltene Stadtmauer, eine trutzige Burg, enge Gassen mit jahrhundertealten Fachwerkhäusern: Dinan. Lange Zeit im Hinterland der vermeintlich attraktiveren Seebäder an der Küste scheinbar vergessen, punktet die alte Stadt mit historischem Flair und bretonischem Charme.

Boote am Ufer der Rance

Alte Brücke über die Rance

Wo sich der Mündungstrichter der Rance zu einem schmalen Flusslauf verengt, führt seit tausend Jahren eine Brücke über den Fluss. Auch wenn die heutige Brücke ihre jetzige Gestalt erst im Jahr 1922 erhielt, um den Lastschiffen auf dem Ille-Rance-Kanal die Durchfahrt zu erlauben, wirkt sie wie das gesamte Hafenareal uralt und pittoresk. Der Flusshafen war einst das wirtschaftliche Herz der Stadt. Heute sind die Lastkähne Segelschiffen und Motorbooten gewichen, die Waschfrauen und Hafenarbeiter Wanderern und Flaneuren. Wo einst Mühlräder um die Wette knarrten, warten die weiß eingedeckten Tische der Restaurants auf Kundschaft.

Vom Hafen führt eine enge kopfsteingepflasterte Straße hoch zur Oberstadt, die Rue du Jerzual, gesäumt von Häusern, von denen viele etliche hundert Jahre alt sind. Fachwerk wechselt mit Bruchsteinmauern, Blumen blühen vor den Fenstern. In vielen der kleinen Läden haben sich Künstler niedergelassen.

Porte de Jerzual

Auf halbem Wege passiert die Straße die Porte du Jerzual, eines der historischen Stadttore. Große Teile der Stadtmauer sind erhalten und umschließen die Altstadt.

Teile sind begehbar und erlauben immer wieder weite Panoramablicke. Die belebteste Straße ist die Rue de l'Horloge mit ihren vielen Fachwerkhäusern. Zahlreiche Läden, Cafés und Restaurants decken den kulinarischen Bedarf der Besucher. Verlässt man die belebte Arterie der Fußgängerzone, wird es nach wenigen Schritten deutlich stiller.

Kirche Saint-Sauveur

Eine der Gassen führt zur Basilika Saint-Sauveur, der Hauptkirche der Stadt. Kurz nach 1100 begonnen, sind aber nur noch Portalzone und Südmauer romanisch, im Wesentlichen präsentiert sich die Kirche als gotisches Bauwerk. In einem Grabmal des 19. Jahrhunderts befindet sich das Herz des Feldherren Bertrand du Guesclin, Oberbefehlshaber der französischen Truppen während des Hundertjährigen Krieges. Als er 1380 in der Auvergne ums Leben kann, wollte man ihn, wie er es bestimmt hatte, in seine Heimatstadt überführen. Doch überstand der Leichnam die monatelange Reise nicht, sodass nur sein Herz zurück nach Dinan gefunden hat. Ein Reiterdenkmal des Heerführers steht auf dem Marktplatz.

Die bedeutendste Attraktion der Stadt jedoch ist die Burg. Ihre Ursprünge verlieren sich im Dunkel der Geschichte. Für das 11. Jahrhundert ist sie nachweisbar, ihr heutiges Gesicht erhielt sie aber erst im 14. Jahrhundert, als sie vom Bretonenherzog Johannes IV. ausgebaut wurde. Zweieinhalb Jahrhunderte war sie eine wichtige Residenz und strategische Festung. Heute ist das Château ein Museum mit einer interaktiven Ausstellung, die eine eindrucksvolle Reise durch die Geschichte von Stadt und Burg erlaubt.

Flusshafen an der Rance

INFO

Lage: Dinan liegt im Norden der Bretagne etwa 30 Kilometer südlich von Saint-Malo und Dinard.

Aktivitäten:

- Château de Dinan: Die mächtige Burg befindet sich am Rande der Altstadt auf einem Felssporn; Rue du Château, 22100 Dinan, Tel. +33 2 96 39 45 20, *chateaudedinan.fr*
- Tour de l'Horloge: von den Bürgern Dinans errichteter Uhr- und Glockenturm am höchsten Punkt der Stadt. Von der Spitze bietet sich ein 360-Grad-Blick über Altstadt und Umland; 23 Rue de l'Horloge, 22100 Dinan, Tel. +33 2 96 87 02 26
- Bootsfahrt auf der Rance nach Dinard und Saint-Malo: geruhsame, ca. dreistündige Fahrt auf dem Fluss. Fahrplan gezeitenabhängig; Compagnie Corsaire, Tel. +33 8 25 13 81 00, *compagniecorsaire.com*
- Saint-Suliac: malerisches früheres Fischerdorf am rechten Ufer der Rance, 20 Kilometer nördlich von Dinan, auch als Fahrradausflug zu empfehlen. Informationsbüro: Place du Carrouge, 35430 Saint-Suliac, Tel. +33 2 99 56 66 99

Touristeninformation: 9 Rue du Château, 22100 Dinan, Tel. +33 2 96 87 69 76. Dem Tourismusbüro angeschlossen ist eine informative Ausstellung über die Stadt Dinan.

Website: *dinan-capfrehel.com*

Die bretonische Nordküste

Die Gärten von Kerdalo

Die bretonische Nord-küste

13. Cap Fréhel: Klippen, ein düsteres Fort und ein goldener Strand
14. Kermaria-an-Isquit: der Tanz der Toten
15. Paimpol und Ploubazlanec: die Islandfischer
16. Île de Bréhat: Insel der Entschleunigung
17. Tréguier: Rundtour zu den Gärten des Trégor
18. Plougrescant: das Haus zwischen den Felsen
19. Sieben Inseln: Stippvisite im Vogelparadies
20. Cairn de Barnenez: der Parthenon der Jungsteinzeit
21. Château de Taureau: eine Festung im Meer
22. Saint-Pol-de-Léon: Kathedrale und Kreisker

Guernsey
Jersey
Ärmelkanal
19
18
16
17
15
14
13
22
21
20
Perros-Guirec
Lannion
Paimpol
Saint-Pol-de-Léon
Morlaix
Guingamp
Plérin
Landivisiau
E50
D11
N12
Saint-Brieuc
Lamballe
E50
E401
Carhaix-Plouguer
N164
Aulne
Loudéac
Pontivy
Blavet
Quimper
Ploërmel
E60
N24
Concarneau
Hennebont
Lorient

13. Cap Fréhel: Klippen, ein düsteres Fort und ein goldener Strand

Rau ist die Landschaft am Cap Fréhel. Kein Baum bietet dem Wind einen Widerstand, wenn er über das Hochplateau bläst. Ein einsamer Leuchtturm weist den Schiffen den Weg. Steil stürzen die Klippen ins Meer, für zahllose Seevögel ein Paradies. Und nahebei: eine märchenhafte Burg über dem Meer und einige wunderbare Sandstrände.

Bis zu 120 Kilometer reicht der Lichtschein des Leuchtturms.

Bis zu siebzig Meter ragen die steilen Klippen des Cap Fréhel aus dem Meer, bedeckt von 400 Hektar Heidefläche ohne jeglichen höheren Bewuchs. Ein Landschaftsbild, wie man es sonst nirgends in der Bretagne findet. Nur der Leuchtturm ragt hoch empor, sein Lichtschein ist für eine Sichtweite bis zu 53 Kilometern ausgelegt, soll aber bei klarer Luft bis zu 120 Kilometer weit zu erkennen sein. Man kann auf den Leuchtturm steigen, aber auch von der Felskante bieten sich wunderbare Panoramablicke: im Osten bis zur Pointe Grouin östlich von Saint-Malo, im Westen bis zum Archipel von Bréhat.

Die Klippen mit ihren Felsvorsprüngen und Nischen bieten Seevögeln einen hervorragenden natürlichen Schutz gegen Nesträuber. Und so lassen sich vor allem im Frühjahr und Sommer, wenn die Jungen ausgebrütet und gefüttert werden, zahllose Vögel beobachten. Trottellummen, Krähenscharben, Austernfischer und Möwen vielerlei Arten. Auch Pinguine! Moment mal, Pinguine in der Bretagne? Der auf dem europäischen Festland seltene Tordalk, ein großer Vogel mit schwarzem Rücken und weißem Bauch, der die Gewohnheit hat, an Land aufrecht zu gehen, trägt im Französischen den Namen Petit Pingouin oder Pingouin Torda!

Fort La Latte

Vom Cap Fréhel empfiehlt sich eine etwa dreistündige Rundwanderung auf dem Küstenpfad zum Fort La Latte und durch die Heide zurück. Vor allem zur Zeit der Heideblüte im Frühjahr und Sommer ein lohnender Weg. Wildromantisch ist die Lage des Fort La Latte auf einem Felssporn über dem Meer, gegen dessen Fuß die Wellen anbranden. Der mittelalterliche Turm ist eine Ruine, doch lohnt es hinaufzusteigen, um die Aussicht zu genießen. Die Mauern und Befestigungen stammen aus der Zeit Vaubans und seines Schülers Garangeau, als die Nordküste gegen Einfälle englischer Schiffe gesichert werden musste. Die einzigartige Lage ist es auch, die immer wieder Musketiere, Wikinger oder bretonische Aufständische anzog: Das Fort La Latte war und ist ein beliebter Drehort für Kostümfilme und Fernsehproduktionen. Von Kirk Douglas bis Sophie Marceau haben hier schon viele Größen der Branche vor der Kamera gestanden.

Weite Sandstrände ...

Eine längere Wanderung führt vom Cap Fréhel auf dem Küstenpfad nach Westen. Nach gut drei Kilometern öffnet sich die erste Strandbucht, der Sandstrand Plage de la Fosse. Und es steigert sich: die Strände Les Grèves und Anse du Croc, die zum Badeort Pléhérel-Plage gehören. Schließlich der vor allem bei Ebbe endlos scheinende Strand von Sables-d'Or-les-Pins, der zu den schönsten der Bretagne zählt. Welch ein Kontrast zwischen der rauen, von Stürmen geprägten Heide- und Klippenlandschaft an der Spitze des Cap Fréhels und dem sonnenbeschienenen „Goldenen Sand" nur zehn Kilometer entfernt!

... erstrecken sich im Westen des Cap Fréhel.

Strand von Sables-d'Or-les-Pins

INFO

Lage: Das Cap Fréhel liegt an der Nordküste der Bretagne, etwa 45 Kilometer östlich von Saint-Malo.

Aktivitäten:

- Cap Fréhel: Route du Cap, 22240 Plévenon, *grandsite-capserquyfrehel.com*
- Château de la Roche Goyon – Fort La Latte: Château de la Roche Goyon, 22240 Plévenon, Tel. +33 2 96 41 57 11, *lefortlalatte.com*

Strände:

- In Pléhérel-Plage, das zur Gemeinde Fréhel gehört, befinden sich die herrlichen Strände Plage de la Fosse, Les Grèves und Anse de Croc.
- Sables-d'Or-les-Pins liegt am drei Kilometer langen Sandstrand Grève du Minieu; bei Ebbe kann man zum vorgelagerten Inselchen Îlot Saint-Michel hinüberlaufen.

Touristeninformationen:

- Place de Chambly, 22240 Fréhel, Tel. +33 2 96 41 57 23
- 3 Route du Cap, 22240 Plévenon (nur im Sommer geöffnet), Tel. +33 9 54 85 49 26
- Esplanade de Sables d'Or, Tel. +33 2 96 41 57 23

Website: *dinan-capfrehel.com*

14. Kermaria-an-Isquit: der Tanz der Toten

Eigentlich ist die Kapelle von Kermaria nur eine der verwunschenen Landkirchen, wie es sie in der Bretagne sehr viele gibt. Doch sie verbirgt in ihrem Inneren einen seltenen Schatz: einen Totentanz, Fresken aus dem späten Mittelalter, die die Menschen eindrucksvoll an die Vergänglichkeit des Lebens erinnern!

Apostelfiguren ...

... säumen die Vorhalle.

Von außen wirkt die Kapelle in dem Weiler Kermaria, der zur Gemeinde Plouha gehört, kaum anders als die vielen Kirchen und Kapellen des späteren Mittelalters in der Bretagne. Der in seinen Ausmaßen recht große Sakralbau wurde im 13. Jahrhundert begonnen und über die Jahrhunderte immer wieder erweitert und restauriert.

Bemerkenswert ist die überwölbte Vorhalle zum Hauptportal, das sich wie meist in der Bretagne auf der Südseite des Langhauses befindet. Diese Vorhallen dienten auch als Gerichtshallen, in denen die Feudalherren der Gegend kleinere Streitigkeiten schlichteten, deshalb die steinernen Sitzbänke an den Seiten. Darüber zwei Reihen mit elf lebensgroßen farbig gefassten Apostelfiguren, Zeugnissen einer expressiven naiven lokalen Kunst.

Totentanz-Fresken

Das Innere der Kirche ist relativ einfach gehalten und mit einer hölzernen Tonne überwölbt. An den Wänden des Langhauses der große Schatz der Kirche: ein Totentanzfresko aus der Zeit um 1490. Der Tod, personifiziert durch skelettartige Gestalten, tanzt einen Reigen. Mit ihren Händen fassen die Knochenmänner Personen aller Stände an den Händen: den Papst, den Kaiser, Bauern und Bettler und andere mehr, alle im Stil ihrer Zeit gekleidet und streng nach Hierarchie gruppiert. Leider sind viele der 47 Figuren nicht mehr allzu gut erkennbar.

Das Totentanzfresko erinnert den Menschen an seine Sterblichkeit, ebenso ein schlecht erhaltenes weiteres Fresko im nördlichen Seitenschiff, das die mittelalterliche Legende von den drei Lebenden und den drei Toten zeigt. Solche makabren Darstellungen treten erst gegen Ende des Mittelalters auf, als die Erfahrungen der Pestepidemien und ständiger Kriege, vielfach auch prekärer Lebensverhältnisse das Bewusstsein des Menschen zunehmend prägten. Die Gewissheiten mittelalterlichen Denkens, auch der unerschütterliche Glaube an die Verheißung des Ewigen Lebens waren verloren gegangen, und die Angst vor dem Tod gewann Raum. Das Gedankengut der Renaissance keimte auch in der Provinz allmählich auf. In der Bretagne wie in ganz Frankreich sind nur sehr wenige Totentanzdarstellungen erhalten, daher der hohe Rang der Fresken von Kermaria – trotz ihres suboptimalen Zustands.

Nur sechs Kilometer weiter, im Flecken Lanleff, steht eine Ruine, gemeinhin als Tempel bezeichnet, dessen Ursprung niemand kennt. Ein Rundbau mit einem Umgang, der sich mit 16 von Halbsäulen eingefassten Bögen nach außen hin öffnet. Waren es die Römer oder die Tempelritter, die dieses Gemäuer errichteten? Dokumente sind nicht überliefert. Die plausibelste Erklärung ist, dass es sich um eine Nachbildung der Grabeskirche handelt, wie man sie zwar sonst nirgends in der Bretagne, aber doch in vielen anderen Ländern der Christenheit findet. Sie dürfte frühestens im 12. Jahrhundert nach dem Ende der ersten Kreuzzüge entstanden sein.

Romanische Rundbögen ...

… in der Kapelle von Lanleff

INFO

Lage: Die Kapelle von Kermaria-an-Isquit gehört zur Gemeinde Plouha und liegt etwa 30 Kilometer nördlich von Saint-Brieuc.

Aktivitäten:

- Kapelle Kermaria-an-Isquit: Auskünfte über die Toristeninformation in Plouha (s. u.)
- Temple de Lanleff: Die Kirchenruine liegt mitten im Ort Lanleff und ist frei zugänglich.
- Klippen von Plouha: Sie sind mit 104 Meter Höhe die höchsten der Bretagne und liegen etwa vier Kilometer östlich des Dorfes. Ein Wanderweg führt vom Plage du Palus am Rand der Klippen entlang nach Norden nach Gwin Zégal, einem malerischen Bootshafen, in dem nach traditioneller Art die Boote an Pfählen festgemacht wurden, die in den sandigen Boden hineingerammt wurden
- Plage Bonaparte: Von hohen Steilfelsen eingerahmt wird der Sandstrand, der nichts mit dem großen Korsen zu tun hat. Der Name bezieht sich auf ein Codewort einer Gruppe der Résistance, die im Zweiten Weltkrieg von diesem Strand in mehreren Aktionen über hundert Flieger und Agenten nach England in Sicherheit brachte.

Touristeninformation: 7 Avenue Laennec, 22580 Plouha, Tel. +33 2 96 70 12 47

Website: *falaisesdarmor.bzh*

15. Paimpol und Ploubazlanec: Die Islandfischer

Mitten auf dem Friedhof des Dorfes Ploubazlanec, wenige Kilometer von Paimpol, steht die einhundert Meter lange „Mauer der Verschollenen". Eine beklemmend große Zahl von Tafeln an dieser Wand erinnert an die vielen Opfer, die die Fischerei vor den Küsten von Island zwischen 1852 und 1935 gefordert hat.

Ploubazlanec, Mauer der Verschollenen

Es war der Schriftsteller Pierre Loti, der die Islandfischer mit seinem gleichnamigen Roman unsterblich machte. 1886 erstmals erschienen, war das Buch sofort ein absoluter Bestseller. Es beschreibt in stimmungsvollen Bildern die unerbittlich harte Arbeit und das Schicksal des Fischers Yann. Die poetischen Schilderungen des Lebens auf See sind verknüpft mit einer Liebesgeschichte, die tragisch endet. Nichts konnte in jener Zeit die romantische Seele der Franzosen besser treffen. Der Roman wirft ein Licht auf das entbehrungsreiche Leben der Bretonen und schafft ein mythisch überhöhtes Bild von der Auseinandersetzung der Menschen mit der Natur, das bis heute nachwirkt.

Die Grande Pêche war in der Bretagne über Jahrhunderte ein wichtiger Erwerbszweig. Die Fischerboote verließen für viele Monate lang ihre bretonischen Häfen, um vor Neufundland dem Dorsch nachzustellen. Am Ende des Sommers kehrten die Boote mit dem an der Luft getrockneten Fisch vollbeladen nach Europa zurück – als „Morue" ist Trockenfisch in Frankreich wie in vielen anderen Ländern um das Mittelmeer ein begehrtes Nahrungsmittel.

1852 fuhr das erste Boot aus Paimpol zu den reichen Fischbänken vor Island. Das Beispiel machte Schule: Um die Wende zum 20. Jahrhundert begaben sich allein in Paimpol jedes Frühjahr etwa achtzig Schoner mit etwa 2000 Mann auf die Fahrt in den hohen Norden. Die Arbeit war hart und monoton, Stunde um Stunde warfen die Männer die Angel aus und legten die Fische in Salz. An Bord war es eng und erst nach sechs Monaten kehrten die Fischerboote zu ihrem Heimathafen zurück.

Ploubazlanec, Kreuz der Witwen

Erfahrene Fischer oder Seeleute waren die wenigsten der Männer an Bord. Die meisten kamen vom Land, waren mittellos und wurden von der Chance auf einen guten Verdienst angelockt. Die Arbeit war schwer und gefährlich, und viele Unfälle nährten den Mythos der heldenhaften Männer auf See, die stets dem Tod ins Auge schauten. Und den der verzweifelten Witwen, die vergeblich auf ihre Männer warteten. Die Realität war prosaischer. Zwar haben zwischen 1852 und 1935, als zum letzten Mal Boote nach

Island ausliefen, etwa zweitausend Männer ihr Leben verloren, doch war das Risiko statistisch kaum höher als bei der Seefahrt im Allgemeinen.

Hafen von Paimpol

Um die Kaimauern des Hafens von Paimpol und in der Altstadt finden sich viele sehenswerte alte Kaufmanns- und Reederhäuser aus der Zeit der Islandfischer. Einen hervorragenden Überblick über die Blütezeit der Grande Pêche gibt das neue Museum Milmarin gleich neben dem Friedhof im benachbarten Ploubazlanec, einem Dorf, das eng mit der Islandfischerei verbunden ist und in dem Pierre Loti während seiner Recherchen zu seinem Roman lebte. Die Ausstellung informiert in hervorragender Weise über den Alltag der Fischer und die sozialen Hintergründe.

INFO

Lage: Paimpol liegt an der Nordküste der Bretagne, ca. 45 Kilometer nordwestlich von Saint-Brieuc.

Aktivitäten:

- Milmarin: 2016 eröffnetes Museum neben dem Friedhof von Ploubazlanec mit einer sehenswerten Ausstellung über die bretonische Fischerei in isländischen Gewässern; 16 Rue de la Résistance, 22620 Ploubazlanec, Tel. +33 2 96 55 49 34, *milmarin.bzh*
- Auf dem Friedhof von Ploubazlanec steht die Mauer der Verschollenen, an der auf Gedenktafeln der Seeleute gedacht wird, die vor Island ihr Leben ließen.
- Abtei von Beauport: Ruinenromantik am südlichen Ortsrand von Paimpol. Die im Mittelalter bedeutende Prämonstratenserabtei ist seit der Französischen Revolution verfallen; Rue de Beauport, 22500 Paimpol, Tel. +33 2 96 55 18 58, *abbayebeauport.com*
- Vapeur de Trieux: Ein historischer Dampfzug verkehrt im Juli und August von Paimpol in das hübsche Städtchen Portrieux. Die Strecke führt am Ufer des Trieux entlang und die Fahrt dauert pro Strecke ca. 35 Minuten. Fahrkarten online buchbar über: *boutique.guincamp-paimpol.com*

Touristeninformation: Place de la République, 22500 Paimpol, Tel. +33 2 96 20 83 16

Websites:

- *cotesdarmor.com*
- *guingamp-paimpol.com*

16. Île de Bréhat: Insel der Entschleunigung

Es heißt, das Klima sei hier besonders mild, auf der Insel Bréhat, die inmitten kleiner Inselchen und Felsen vor der Nordküste aus dem Meer ragt. Blühende Blumen und versteckte Felsbuchten prägen das Bild. Und das Schönste: Die Insel ist autofrei, die Wege gehören nur den Spaziergängern und Radfahrern.

Alte Gezeitenmühle

Groß ist sie nicht, gerade einmal 3,5 Kilometer lang und 1,5 Kilometer breit ist die zerklüftete Insel, die durch eine schmale Meerenge vom bretonischen Festland getrennt ist. Eigentlich handelt es sich ja um zwei Inseln, die durch eine Brücke verbunden sind. Errichtet wurde sie angeblich auf Veranlassung von Vauban, des Festungsbaumeisters Ludwigs XIV.

Bréhat ist der Mittelpunkt einer Gruppe von ungefähr 90 Inseln, von denen viele wenig mehr als größere Felsen sind. In den Augen keltischer Einsiedler ideal geeignet, ein gottgefälliges Leben in der Einsamkeit zu führen. Und so gilt das Kloster auf der Insel Lavrec, um 470 vom Mönch Budoc gegründet, als älteste christliche Niederlassung der Bretagne. Gegen Ende des Mittelalters galten die „Bréhatins“ als verwegene Seefahrer, die sich bei den französischen Königen als Freibeuter verdingten und schon viele Jahre vor der „offiziellen" Entdeckung Neufundlands durch John Cabot im Jahr 1497 vor den Küsten der kanadischen Insel dem Dorsch nachstellten. Die Insel Bréhat gilt als Wiege der Grande Pêche vor Nordamerika, die über Jahrhunderte für die bretonischen Hafenstädte ein wichtiger Wirtschaftszweig war.

Blühende Schmucklilien prägen das Bild der Insel.

Heute ist von dieser ruhmreichen Vergangenheit nicht mehr allzu viel zu spüren. Den Besucher erwartet im Frühjahr und Sommer ein buntes Mosaik. In einem milden Mikroklima gedeihen Pflanzen, die die Insel im Frühjahr und Sommer mit einem Farbenfeuerwerk überziehen: Hortensien, Mimosen, Kamelien, Rosen, Ginster, blau- und weißblühende Schmucklilien und viele andere mehr. Den Beinamen Blumeninsel trägt Bréhat völlig zu Recht.

Der Inselhafen Port Clos wird überragt von einer Zitadelle, ansonsten gibt sich die Südinsel, auf der sich auch der Hauptort Bourg de Bréhat befindet, mediterran, friedlich und idyllisch. Am besten

Inselhafen Port Clos

lässt sie sich zu Fuß oder mit dem Fahrrad entdecken. Denn Bréhat ist nahezu autofrei. Wanderwege führen zur Gezeitenmühle Birlot aus dem 12. Jahrhundert, zur Kapelle Saint-Michel am höchsten Punkt der Insel, satte 33 Meter über dem Meer, oder zum Granitkreuz Croix de Maudez, das einen fantastischen Rundblick über die westlichen Inseln des Archipels und den Mündungstrichter des Flusses Trieu erlaubt.

Leuchtturm von Paon

Über eine alte Brücke erreicht man die Nordinsel. Hier ist die Landschaft wesentlich rauer und herber. Nur noch vereinzelte Baumgruppen halten dem Wind stand, das Gesicht der Landschaft wird geprägt von Wiesen, Heideflächen und niedrigen Steinmauern. Auf der nördlichsten Spitze der Leuchtturm von Paon: der vielleicht spektakulärste Ort von Bréhat inmitten eines Gewirrs von Granitfelsen – eine maritime Landschaft mit einer fast magischen Atmosphäre.

Eine Fülle kleiner und kleinster Inseln umgeben Bréhat.

INFO

Lage: Die Insel Bréhat liegt vor der Nordküste der Bretagne, ca. 50 Kilometer nordwestlich von Saint-Brieuc.

Aktivitäten:

- Fähre nach Bréhat: Die Fährüberfahrt lässt sich mit einer Bootsrundfahrt um die Insel verbinden; Les Vedettes de Bréhat, Tel. +33 2 96 55 79 50, *vedettesdebrehat.com.*
- Rundfahrt mit dem traditionellen Segelboot Eulalie im Archipel von Bréhat: Eulalie, Dominique Sicher, Port Clos, 22870 Bréhat, Tel. +33 6 87 73 17 99, *www.eulalie-paimpol.com*

Strände: Der Hauptstrand der Insel, der Plage de Guerzido, befindet sich 700 Meter südöstlich des Hafenortes Port Clos.

Touristeninformation: Place du Bourg, 22870 Île-de-Bréhat, Tel. +33 2 96 20 04 15

Website: *brehat-infos.fr*

17. Tréguier: Rundtour zu den Gärten des Trégor

Der Atlantik sorgt für ein ausgeglichenes Klima in der Bretagne: ausreichende Niederschläge, milde, selten frostige Winter und nicht allzu heiße Sommer. Ideale Bedingungen, um üppige Gärten und Parks anzulegen. Viele davon befinden sich im Umkreis der alten Bischofsstadt Tréguier und stehen Besuchern offen.

2275 Stunden im Jahr scheint hier die Sonne, deutlich mehr als in Deutschland, das regelmäßig unter 2000 Sonnenstunden im Jahr bleibt. Es regnet ausreichend, die Luftfeuchtigkeit bewegt sich das ganze Jahr gleichmäßig um die 80 Prozent, die Winter sind mild, die Sommer gemäßigt. Selbst im Juli wird es im Schnitt nicht wärmer als 20 Grad. Für viele Pflanzen sind solche Klimabedingungen ideal: Hortensien blühen in allen Farben, Kamelien haben im Winter keine Probleme mit dem Frost und viele subtropische Pflanzen gedeihen auch in der Bretagne.

Seit Mitte des 19. Jahrhunderts hat man die klimatischen Eigenarten der Bretagne auf den Einfluss des Golfstroms zurückgeführt, der warmes Wasser aus dem Golf von Mexiko an die Küsten Europas spült und somit für milde Winter sorgt. Neuere Forschungen gehen jedoch davon aus, dass der Einfluss der Meeresströmungen auf das Klima zu vernachlässigen ist und die Luftzirkulation über dem Atlantik der Motor für das Klima ist. Denn obwohl sich seit etlichen Jahren der Golf- oder korrekter Nordatlantikstrom merkbar abschwächt, sorgt der Klimawandel dafür, dass sich häufiger Korridore für die Zufuhr warmer Luft aus dem Süden nach Nordeuropa öffnen: Auch in der Bretagne wird es wärmer.

Ein Maler …

... gestaltete die Gärten von Kerdalo.

Wenige Kilometer von Tréguier entfernt präsentiert sich am gegenüberliegenden Ufer des Flusses Jaudy der Garten von Kerdalo in allen Schattierungen von Grün. Er wurde geschaffen vom russischen Maler Peter Wolkonsky. Er erwarb das Anwesen im Jahr 1965, renovierte das Gutshaus und legte auf 17 Hektar einen Garten an. Heute ist dieser voll eingewachsen und das Gutshaus von Grün überwuchert, die gesamte Anlage ein verwunschener Zaubergarten. Die persönliche Note des Schöpfers ist ebenso spürbar wie das geschulte Auge des Malers, der die Farben der Blüten und Blätter den Jahreszeiten angepasst aufeinander abstimmte.

Ebenfalls am Ufer des Jaudy gelegen sind die hängenden Gärten von Le Kestellic, doch besitzen sie einen ganz anderen Charakter. Ein Kapitän namens Tallibart verliebte sich in die Schönheit der Landschaft und baute sich einen repräsentativen Landsitz. In den Felsen unterhalb ließ er Wege, Teiche und einen Wasserfall anlegen. Einer der späteren Besitzer ließ in den 1970er-Jahren Pflanzen aus aller Welt anpflanzen, die erstaunlich gut gediehen.

Le Jardin du Pellinec: Gérard Jean hat hier seit 1997 aus einem leicht verwilderten hundertjährigen Palmengarten eine wunderbare Parkanlage geschaffen. Er ließ einen englischen Garten anlegen, einen exotischen Garten, dazu Blumen, Sträucher und Bäume

Gutshaus Kerdalo

aus dem Himalaya anpflanzen, japanische Iris und verschiedenste Magnolien ... und schuf sich ein einzigartiges privates Paradies.

INFO

Lage: Tréguier liegt im Hinterland der Nordküste, 30 Kilometer nördlich von Guingamp entfernt.

Gärten:

- Les Jardins de Kerdalo: in Trédarzec, 3,5 Kilometer östlich von Tréguier, am anderen Ufer des Flusses Jaudy; Kerdalo, 22220 Trédarzec, Tel. +33 7 65 16 06 75, *lesjardinsdekerdalo.com*
- Le Kestellic – Jardins botaniques: in Plougiel, drei Kilometer nördlich der Stadt; Le Kestellic, La Montagne, 22220 Plouguiel, Tel. +33 6 60 83 66 05
- Le Jardin de Pellinec: in Penvénan, zehn Kilometer nordwestlich von Tréguier, nur sonntags geöffnet; 1 Rue de la Baie de Pellinec, 22710 Penvénan, Tel. +33 6 65 43 92 35, *le-jardin-de-pellinec.fr*

Aktivitäten:

- Tréguier: Tréguier besitzt eine hübsche Altstadt mit einer gotischen Kathedrale, die dem heiligen Yves geweiht ist, einem der bretonischen Nationalheiligen und Schutzpatron der Rechtsanwälte. Nicht weit von ihr das zum Museum umgestaltete Geburtshaus des im 19. Jahrhundert in ganz Europa hochangesehenen Gelehrten Ernest Renan.
- Sillon de Talbert: Ein einzigartiges geologisches Phänomen ist die unter Naturschutz stehende drei Kilometer lange Landzunge bei der Gemeinde Pleubian. Ein Wanderweg führt zur weit ins Meer hinausragenden Spitze. In Ferienzeiten öffnet gelegentlich das kleine Informationszentrum am Zugang zur Landzunge: Maison du Sillon, 48 Rue du Sillon de Talbert, 22610 Pleubian, Tel. +33 2 96 16 54 67, *reserve-sillondetalbert.bzh*

Touristeninformation: Rue Marcellin Berthelot, Port de Plaisance, 22220 Tréguier, Tel. +33 2 96 05 60 70

Website: *bretagne-cotedegranitrose.com*

18. PLOUGRESCANT: DAS HAUS ZWISCHEN DEN FELSEN

Ein Spaziergang auf dem Küstenweg bei Plougrescant ist spektakulär. Nicht nur bieten sich immer wieder Ausblicke auf einzigartige Felsenszenerien, er führt auch zu einem ikonischen Fotopunkt der Bretagne mit Blick auf das Castel Meur, ein zwischen zwei Felsen gebautes Wohnhaus. Zuvor jedoch lohnt ein Stopp an der Kapelle Saint-Gonéry.

Schiefer Turm von Plougrescant

Gott Vater und Adam

Unübersehbar ragt in der Ortsmitte von Plougrescant ein schiefer Turm auf: der im Laufe vieler Jahrhunderte außer Form gekommene Dachreiter der Kirche Saint-Gonéry. Er steht auf einem massigen archaischen Gemäuer des 12. Jahrhunderts, einem Oratorium, das zu Ehren des Heiligen errichtet wurde, der als einer der vielen anglo-irischen Missionare die ansässige Bevölkerung zum Christentum bekehrte. Im Gebetshaus befinden sich das Grabmal des Heiligen sowie ein Schrein mit der Schädelreliquie, die bei Prozessionen durch den Ort getragen wird.

Kirchenschiff und Chor wurden erst später gegen Ende des 15. Jahrhunderts gebaut. Sie sind mit hölzernen Spitztonnen überwölbt, die mit ihren vorzüglich erhaltenen und restaurierten Tafelgemälden der eigentliche Schatz der Kirche sind. Zwanzig Szenen illustrieren Episoden aus der Schöpfungsgeschichte sowie aus dem Leben und der Passion Jesu – eine Bibel der Armen, die nicht lesen und schreiben konnten. Der oder die Künstler sind unbekannt. Ihre Malweise ist ein wenig naiv und rustikal, möglicherweise orientiert sie sich an romanischen und gotischen Bildwerken der Region, die heute verschwunden sind.

Die Hauptattraktion des Ortes ist jedoch der Wanderweg die Küste der Halbinsel entlang, die nördlich vom Dorf in den Ärmelkanal hineinragt. Am Rande des kleinen, aber feinen Badestrandes Pors Hir ducken sich einige Häuschen unter einem mächtigen Felsen. Die Küste ist hier felsig und zerklüftet, spitze Felsnadeln ragen immer wieder aus dem Wasser hervor. Der Weg führt zur Pointe de Château, der nördlichen Spitze der Halbinsel, dann wieder nach Südwesten zu einem Symbol der Bretagne: dem Castel Meur.

Pors Hir

Castel Meur, das Haus zwischen den Felsen

Im Grunde ist es nichts anderes als ein schlichtes Wohnhaus aus der Mitte des 19. Jahrhunderts. Im wörtlichen Sinne einzigartig ist seine Lage zwischen zwei haushohen, vom Wind abgeschliffenen

Felsenküste bei Plougrescant

Granitfelsen, von denen es beinahe erdrückt zu werden scheint. Es wurde im Jahr 1861 gebaut, zu einer Zeit, als es nahezu keine Bauvorschriften gab und jeder Grundbesitzer bauen konnte, wo, was und wie er wollte. Vermutlich wollte er sich gegen die Gewalt der Stürme schützen, als er das Haus in eine Lücke zwischen die Granitfelsen setzte. Bis heute gehört es einer Nachfahrin des Erbauers, zu besichtigen ist es nicht.

Es wird auch Maison du Gouffre genannt, nach einer tiefen Spalte, die von Brandung und Stürmen in einen Felsen geschlagen wurde. Nirgendwo sonst zeigt sich hier, welch gewaltige Kraft die Orkane an dieser Küste entfalten können. So fällt der Blick von den Felsen des Gouffre de Plougrescant auf eine wilde Küstenlandschaft, die von der Urgewalt des Meeres geschaffen wurde und sich viele Kilometer nach Süden bis zum Naturstrand von Pors Scaff fortsetzt.

INFO

Lage und Anfahrt: Plougrescant befindet sich an der Nordküste der Bretagne sieben Kilometer nördlich von Tréguier.

Aktivitäten:

- Kapelle Saint-Gonéry: Die Kapelle befindet sich unübersehbar mitten im Ort; Besichtigung Tel. +33 2 96 92 56 83, *lesamisdesaintgonery.blogspot.com*
- Maison du Littoral: Beim Gouffre befindet sich ein kleines Informationszentrum; Site du Gouffre, 22820 Plougrescant, Tel. +33 2 96 92 58 35. Das beste Fotografierlicht für das Castel Meur bietet sich am Nachmittag.

Strände: Bis auf den kleinen Strand Pors Hir gibt es an der Küste von Plougrescant keine einladenden Badestrände, die Wildheit der Küste hier ist der Reiz. Schöne Dünenstrände findet man etwa zehn Kilometer weiter westlich bei Port Blanc.

Touristeninformation: 42 Hent Sant Gonéry, 22820 Plougrescant, Tel. +33 2 96 92 56 83

Website: *bretagne-cotedegranitrose.com*

19. Sieben Inseln: Stippvisite im Vogelparadies

30.000 kreischende Basstölpel, dicht an dicht gedrängt, tauchen die Felskuppe und steilen Hänge der Insel Rouzic in weiße Farbe – der Höhepunkt einer Bootsfahrt zu winzigen Inseln vor der bretonischen Nordküste. Die Sieben Inseln bilden das älteste und bedeutendste Vogelschutzgebiet Frankreichs.

Vogelkolonie auf der Île Rouzic

Nur mit dem Boot dürfen sich die Besucher aus den Badeorten Perros-Guirec und Trégastel für eine kurze Zeit den Inseln nähern, um die Wunderwelt der Natur zu bestaunen. Wenn die Boote wieder zurückfahren, bleiben die Seevögel auf den Inseln ungestört. Das war nicht immer so. Das Meer war für die Küstenbewohner nicht nur eine stets drohende Gefahr, sondern auch immer eine wichtige Nahrungsquelle. Und Vogeleier galten lange Zeit als Delikatesse.

In den letzten Jahrzehnten des 19. Jahrhunderts wurden Jagd und Fischfang zu einem beliebtes Freizeitvergnügen betuchter Urlauber. Eisenbahngesellschaften und die bretonischen Küstenorte warben um eine adelige und großbürgerliche Klientel, die es sich viel Geld kosten ließ, zum Vergnügen Seevögel zu schießen. Als Beute begehrt waren vor allem die seltsamen Papageitaucher, die auf der Île Rouzic in großer Zahl vorkamen. Doch die Jagdlust führte zum Gemetzel. Um 1900 sank die Zahl der Brutpaare von 15.000 auf weniger als 400. Als die Papageitaucher an der bretonischen Küste kurz vor dem Aussterben standen, stieg das Bewusstsein für den Naturschutz. Im Jahr 1912 wurde die Jagd im Archipel der Sieben Inseln verboten und der französische Vogelschutzbund LPO gegründet. Die Kolonie der Papageitaucher hat sich zwischenzeitlich erholt, doch haben Ölteppiche als Folge mehrerer Schiffskatastrophen gerade dieser Vogelart enorm zugesetzt. Heute zählt man nur noch 170 Brutpaare.

Trotzdem ist das Archipel der Sieben Inseln heute das wichtigste Schutzgebiet für Wasservögel in Frankreich. Auf gerade einmal 40 Hektar kommen im Frühjahr und Sommer jedes Jahres bis zu 25.000 Brutpaare unterschiedlicher Arten zusammen, um ihre Jungen aufzuziehen. Die Gewässer vor der bretonischen Nordküste sind fischreich; an Futter mangelt es nicht. Von herausragender Bedeutung ist die Basstölpelkolonie auf der Île Rouzic. Auf den Hängen der felsigen Insel drängten sich jährlich bis zu 20.000 Brutpaare dieser großen Vögel, deren Flügelspannweite bis zu zwei Meter beträgt. Nach einem Ausbruch der Vogelgrippe 2022 ging die Zahl der Paare auf etwa 15.000 zurück, erholt sich aber wieder. Basstölpel ernähren sich von fettreichen Fischen wie Heringen und Makrelen und können auf der Jagd bis zu 30 Meter tief tauchen. Im Frühjahr sammeln sie sich in Brutkolonien und bleiben etwa sechs Monate. Jedes Brutpaar zieht ein einziges Junges hoch, bevor die Vögel im Spätsommer wieder in wärmere Gefilde entschwinden.

Dicht gedrängt nisten die Basstölpel.

Île Rouzic

Bootsausflüge von Perros-Guirec oder Trégastel führen sehr nahe an die Île Rouzic heran. Auch viele andere Vögel wird man auf diesen Touren entdecken, neben den selten gewordenen Papageitauchern auch Trottellummen, Tordalke, Krähenscharben, Austernfischer und vieler Arten von Möwen. Und auf der Insel Malban liegen stets ein paar Kegelrobben in der Sonne.

INFO

Lage: Die Sieben Inseln liegen etwa zehn Kilometer vor der Nordküste der Bretagne nördlich der Badeorte Perros-Guirec und Trégastel.

Sept-Îles: Das Vogelschutzgebiet der Sieben Inseln kann nur im Rahmen von organisierten Ausflugsfahrten ab Perros Guirec und Trégastel besucht werden. Die Touren dauern zwischen knapp zwei und acht Stunden, ein Landgang ist aus Naturschutzgründen nur auf der Île aux Moines möglich; die Abfahrtszeiten sind gezeitenabhängig.

- Armor Navigation: Angeboten werden Touren mit und ohne Landgang auf der Ile aux Moines; Gare Maritime, Plage de Trestraou, 22700 Perros-Guirec, Tel. +33 2 96 91 10 00, *armor-navigation.com*
- Sant-C'hireg: Tages- und Halbtagesausflüge mit einem Segelschiff, Nachbau eines Boots für den Langustenfang der Zeit um 1920; Tel. +33 6 37 78 17 19, *santguirec.com*
- Fillao: vierstündige Ausflüge mit einem modernen Segelboot; Centre nautique de Perros-Guirec, Plage de Trestraou, 22700 Perros-Guirec, Tel. +33 2 96 49 81 21, *nautisme.perros-guirec.com*

Touristeninformationen:

- 21 Place de l'Hôtel de Ville, 22700 Perros-Guirec, Tel. +33 2 96 23 21 15
- Place Sainte-Anne, 22730 Trégastel, Tel. +33 2 96 05 60 70

Websites:

- *perros-guirec.com*
- *bretagne-cotedegranitrose.com*

20. Cairn de Barnenez: der Parthenon der Jungsteinzeit

Als ferne Vorfahren auf einer Anhöhe die ersten Steine für ein Grabmal aufschichteten, ahnten sie noch nicht, dass sie damit den Grundstein legten für ein Bauwerk, das 6500 Jahre später als größtes steinzeitliches Bauwerk Europas gilt. Neben der Grabanlage besgeistert den heutigen Besucher auch das großartige Panorama der Bucht von Morlaix.

Das größte megalithische Bauwerk Europas

Markante Stellen suchten sich die Würdenträger des Neolithikums für ihre Grabanlagen schon aus. Auf einer Anhöhe nahe dem Dorf Plouezoc'h erstreckt sich über eine Länge von 75 Metern und eine maximale Breite von 28 Metern der beeindruckende Cairn von Barnenez. Als Cairn bezeichnet man in Frankreich wie auf den Britischen Inseln künstliche Hügel aus Stein oder Geröll, die über steinzeitlichen Grabanlagen aufgehäuft wurden.

Obwohl der Cairn von Barnenez seit 1850 bekannt war, wurden solche Bauten lange nur wenig wertgeschätzt. Noch im Jahr 1954 konnte ihn ein Bauunternehmer erwerben, um Material für

Eingang zur einer der Grabkammern

den Straßenbau zu gewinnen. Erst nach einem Protestschrei der Wissenschaft wurden die Arbeiten gestoppt. Seit 1955 wurde das steinzeitliche Bauwerk systematisch untersucht. Die Erkenntnisse waren so aufschlussreich, dass ein paar Jahre später der Schriftsteller André Malraux, Kulturminister unter De Gaulle, Barnenez in Anspielung auf den Haupttempel der Athener Akropolis als „Parthenon des Neolithikums“ bezeichnete.

Das ist sicher ein wenig übertrieben. Aber beeindruckend ist die gewaltige Grabanlage in jedem Fall. Allein der Umstand, dass die Gräber nicht einfach mit einem Erdhaufen überdeckt wurden, sondern Bruchsteine in drei Etagen bis in acht Meter Höhe sorgsam übereinandergeschichtet wurden, zeugt von hohem Aufwand und damit von hohem Rang der Bestatteten. Auch der beherrschende Blick über die Bucht von Morlaix trägt zur psychologischen Wirkung des Bauwerks bei.

Das monumentale Hügelgrab setzt sich aus zwei Teilen zusammen, einem älteren im Norden mit fünf Grabkammern und einem einige Jahrhunderte jüngeren mit sechs Gräbern. Von den elf Portalen auf der Ostseite führen Gänge, jeweils fünf bis elf Meter lang, zu den Grabkammern. Diese sind relativ klein und auf der Südseite des Cairns zum Teil durch die früheren Steinbrucharbeiten aufgeschnitten, sodass sich die erstaunlichen technischen Fertigkeiten der Jungsteinzeit studieren lassen. Mehrere Steine der Gänge und der Grabkammern sind mit Steinritzungen verziert, doch ist die Deutung unklar.

Freigelegte Grabkammern auf der Westseite

Einzelne Grabkammern sind wie die meisten Dolmen mit einer Steinplatte überdeckt, andere schließen nach oben mit „falschen" Kuppeln ab, auch Kragkuppeln genannt: Horizontale Steinringe werden so übereinander geschichtet, dass jede Steinlage nach innen ein wenig über die darunterliegende hinausgreift. So entsteht im Inneren des Raums der Eindruck, er sei mit einer Kuppel überwölbt, obwohl das bautechnisch streng genommen nicht der Fall ist. Mancher mag diese Art der Kuppeln von den Trulli in Apulien kennen. Auch in anderen Kulturkreisen kommen sie vor, doch ist der Cairn von Barnenez das mit deutlichem Abstand älteste Bauwerk, an dem diese Technik nachweisbar ist.

Die ältesten Kragkuppelgewölbe der Welt

INFO

Lage: Der Cairn von Barnenez liegt auf einer Halbinsel am Ostufer der Bucht von Morlaix beim Weiler Kernéléhen, der zur Gemeinde Plouezoc'h gehört.

Aktivitäten:

- Cairn de Barnenez: 29252 Plouezoc'h, Tel. +33 2 98 67 24 73, *barnenez.fr*

Strände: Im Bereich der Gemeinde Plougasnou gibt es einige schöne Strände, darunter der lange Sandstrand von Primel-Trégastel, etwa zehn Kilometer nördlich des Cairns von Barnenez.

Touristeninformationen:

- Place du Général Leclerc, 29630 Plougasnou, Tel. +33 2 98 67 35 46
- 10 Place Charles de Gaulle, 29600 Morlaix, Tel. +33 2 98 62 14 94

Website: *baiedemorlaix.bzh*

21. Château de Taureau: eine Festung im Meer

Mitten in der Einfahrt zur Bucht von Morlaix steht eine Festung, die eine gesamte Insel einnimmt. Sie zeugt von bewegten Zeiten an der Nordküste der Bretagne, die über viele Jahrhunderte unter kriegerischen Auseinandersetzungen zwischen Frankreich und England zu leiden hatte.

An der Wende vom Mittelalter zur Neuzeit war Morlaix dank seines Hafens und des Handels mit Textilien eine wohlhabende Stadt. Es liegt am Ende einer tief nach Süden reichenden Meeresbucht. Als der Krieg des französischen Königs Franz I. gegen den Kaiser Karl V. auf halb Europa übergriff und England unter Heinrich VIII. sich auf die Seite des Kaisers stellte, fuhr im Jahr 1522 eine englische Flotte in die Bucht von Morlaix.

Die Soldaten stießen zunächst auf wenig Widerstand, hatte doch die Garnison wegen eines Festes in der Umgebung die Stadt ver-

Île de Louët und Château de Taureau

Zugang zur Inselfestung

lassen. Sie plünderten Morlaix und setzten die Häuser in Brand. Anschließend feierten sie mit dem Inhalt der erbeuteten Weinfässer den Sieg. Am nächsten Morgen konnten sie deshalb sehr schnell von inzwischen herbeigeeilten Truppen überwältigt und vertrieben werden.

Um ähnliche Übergriffe für die Zukunft zu erschweren, wurde die Insel, auf der heute das Château de Taureau steht, befestigt. Kein Schiff konnte die Fahrrinne nach Morlaix mehr passieren, ohne Gefahr zu laufen, von den Kanonen beschossen zu werden. Gegen Ende des 17. Jahrhunderts wurde die Festung in das Verteidigungssystem der bretonischen Nordküste eingegliedert, das auf Veranlassung des Ingenieurs und Generals Sébastien Le Prestre de Vauban (1633-1707) verstärkt und ausgebaut wurde. Seine Pläne für den

Ausbau des Château de Taureau stammen aus dem Jahr 1689. Es dauerte aber Jahrzehnte, bis sie schließlich realisiert worden sind.

Vauban war eine der schillerndsten Persönlichkeiten der Zeit Ludwigs XIV. Bekannt ist er als Erbauer einer großen Zahl von Festungen, die heute zum Weltkulturerbe der UNESCO zählen. Weniger bekannt ist, dass er auch Strategien zur Belagerung von Festungen entwickelt hat und außerdem immer wieder in den Kriegen und Feldzügen des Sonnenkönigs als Truppenführer aktiv geworden ist. In der Bretagne hielt er sich vor allem in den 1680er- und 1690er-Jahren auf, als die Küste gegen englische Überfälle gesichert werden musste.

Dem heutigen Besucher präsentiert sich die Insel Taureau im Zustand der Mitte des 18. Jahrhunderts. Von Carantec am Westufer

Das Château de Taureau schützt die Zufahrt zur Bucht von Morlaix.

der Bucht von Morlaix werden im Sommer zweistündige Bootsausflüge mit Führung auf der Festungsinsel angeboten. Auf der Fahrt wird die malerische Île Louët passiert, auf der lediglich ein Leuchtturm und drei Häuser stehen. Auch Carantec selbst lohnt einen Stopp. Der Ort hat zwar als Sommerfrische eine lange Tradition, scheint jedoch von den Verwerfungen des modernen Tourismusbetriebs noch ein wenig verschont zu sein. Nach wie vor prägen gediegene Villen das Bild, viele etwas versteckt in den Hügeln über dem Meer. Und die bei Ebbe zu Fuß erreichbare Insel Callot bietet sich mit ihren Strandbuchten und einem Vogelschutzgebiet für eine Wanderung an.

INFO

Lage: Carentec liegt an der Nordküste an der Bucht von Morlaix etwa 15 Kilometer nördlich der namensgebenden Stadt.

Aktivitäten:

- Château de Taureau: Bootsausflüge ab Carantec von der Plage du Kelenn oder von Plougasnou, Port du Diben; Tel. +33 2 98 62 29 73, *chateaudutaureau.bzh*

Strände: Carantec besitzt eine Reihe von Stränden, die vielleicht nicht zu den spektakulärsten der Bretagne zählen, aber doch zu einem (Sonnen-)Bad einladen.

- Der längste, aber auch meistbesuchte Strand ist der Plage du Clouët unterhalb des Golfplatzes. Etwas versteckt, dafür deutlich ruhiger, der Plage Tahiti.
- Île Callot, kleine Insel bei Carantec, die nur bei Ebbe über eine kleine Landbrücke zu erreichen ist. Auf der Insel mehrere romantische Strandbuchten, am schönsten vielleicht der Strand Penn ar Waremm.

Touristeninformationen:

- 4 Rue Pasteur, 29660 Carantec, Tel. +33 2 98 67 00 43
- Place du Général Leclerc, 29630 Plougasnou, Tel. +33 2 98 67 35 46
- 10 Place Charles de Gaulle, 29600 Morlaix, Tel. +33 2 98 62 14 94

Website: *baiedemorlaix.bzh*

22. Saint-Pol-de-Léon: Kathedrale und Kreisker

Die alte Bischofsstadt von Léon besticht mit einer gotischen Kathedrale, die nach einer umfassenden Renovierung in neuem Glanz erstrahlt. Der nahe Kreisker, ein Kirchturm von beeindruckender Höhe, wurde zum prägenden Vorbild für zahllose Kirchen der Region, die heute ganz Frankreich mit Blumenkohl und Artischocken versorgt.

Westfassade der Kathedrale

Es war der heilige Paul-Aurélien, der um das Jahr 525 das Christentum in diesen Teil der Bretagne brachte. Erst besiegte er auf der Insel Batz einen Drachen, der Frauen, Männer und das Vieh tötete. Dann begab er sich zum Festland und baute in den verlassenen Mauern eines gallo-römischen Oppidums ein Kloster. Es steht am Anfang des Bistums Saint-Pol-de-Léon, das bis zu seiner Aufhebung während der Französischen Revolution eines der geistigen und kulturellen Zentren der Bretagne war.

So sind es denn auch zwei Kirchen, die im Mittelpunkt der alten Stadt stehen und deren Türme das Bild der Landschaft weithin beherrschen: die

Kathedrale und die Chapelle du Kreisker. Die dem legendären Gründervater geweihte Bischofskirche, die seit 2021 nach einer umfassenden Renovierung in neuem Glanz erstrahlt, ist eine „reinrassige“ gotische Kathedrale, die stilistisch in die Normandie weist. Selbst der Stein ist kein bretonischer Granit, sondern Kalkstein, der per Schiff aus der Normandie bis fast ans Ende der Bretagne herbeigeholt wurde.

Der älteste Bauteil ist die Westfassade, über die sich zwei weithin sichtbare Türme von 55 Meter Höhe erheben. In der Zeit um 1300 wurde das Langhaus erschaffen, vermutlich ein Werk normannischer Baumeister. Dies war die Blütezeit der Gotik, in der die Bauleute die Technik beherrschten, ein Gerüst aus Pfeilern und Gewölben zu schaffen, zwischen denen riesige Fensterflächen viel Licht ins Innere des Kirchenbaus einfallen ließen. Chor und Seitenschiffe entstanden später: In Dekor und Maßwerk sieht man schon die charakteristischen Flammenmuster, die in der Bretagne so populär werden sollten.

Bemerkenswert ist die Orgel aus dem Jahr 1660, ansonsten findet man die üblichen Grabmäler und Heiligenfiguren an den Pfeilern und in den Nischen der Seitenkapellen. Eine Besonderheit sind die hölzernen Schädelreliquiare, die einst überall in der Kathedrale herumstanden. Da ihre Zahl mit zunehmendem Tourismus kleiner wurde, sind sie heute in eine Seitenkapelle hinter ein Gitter verbannt.

Schädelreliquiare in der Kathedrale

Die zweite bemerkenswerte Kirche ist die Chapelle du Kreisker, wenige hundert Meter unterhalb der Kathedrale. Der spätgotische ehemalige Versammlungssaal der Bürger- und Kaufmannschaft

Chapelle du Kreisker

wird überragt von einem 78 Meter hohen Turm, deutlich höher als die Türme der Kathedrale und Zeichen des Selbstbewusstseins der Bürgerschaft. Er wurde stilistisches Vorbild zahlreicher Kirchtürme im Westen der Bretagne. Heute kann man seine 170 Stufen hinaufsteigen und den Blick über die Küste und die weiten Blumenkohl- und Artischockenfelder und Gemüsegärtnereien des Hinterlands genießen, die der Region nach etlichen Krisen einen bescheidenen Wohlstand gebracht haben.

INFO

Lage: Saint-Pol-de-Léon liegt an der Nordküste der Bretagne 20 Kilometer nordwestlich von Morlaix.

Aktivitäten:

- Cathédrale Saint-Paul-Aurélien: unübersehbar mitten in der Stadt
- Chapelle Notre-Dame du Kreisker: Turmbesteigung nur im Juli und August; Rue Cadiou, 29250 Saint-Pol-de-Léon
- Roscoff: Die Hafenstadt wurde im 15. Jahrhundert gegründet, als der Hafen von Saint-Pol-de-Léon zu verlanden begann. Heute ist sie mit ihrer hübschen Altstadt ein beliebtes Seebad, das einen Besuch lohnt, *roscoff-tourisme.com*
- Insel Batz: Die flache, noch stark landwirtschaftlich geprägte Île de Batz lädt zu Wanderungen ein und lockt mit ihren vielen Stränden, darunter der Plage Farah Diba, benannt nach der früheren persischen Kaiserin, die in ihrer Jugend Urlaub auf Batz machte; Abfahrt der Fähren vom Quai Neuf in Roscoff; Vedettes de l'Île de Batz, 29253 Île de Batz, Tel. +33 7 62 61 12 12, *vedettes-ile-de-batz.com*. Informationsbüro der Insel: Le débarcadère, 29253 Île-de-Batz, Tel. +33 2 98 61 75 70, *iledebatz.com*

Touristeninformation: 3 Place de l'Évêché, 29250 Saint-Pol-de-Léon, Tel. +33 2 98 69 05 69

Websites:

- *saintpoldeleon.fr*
- *roscoff-tourisme.com*

Der wilde Westen der Bretagne

Malerischer Strand bei Le Pouldu

Der wilde Westen der Bretagne

23. Meneham und Brignogan: Strandräuber und Algensammler
24. Pays de Léon: die Straße der Leuchttürme
25. Insel Ouessant: Melancholie der Stürme
26. Brest: ein Bad im Grünen
27. Landerneau: Supermarkt für große Kunst
28. Guimiliau: Frömmigkeit, in Granit gemeißelt
29. Die Monts d'Arrée: das Dach der Bretagne
30. Das Tal der Heiligen: Kolosse aus Stein
31. Ménez Hom: Berg der Legenden
32. Halbinsel Crozon: die Essenz der Bretagne
33. Locronan: ein Dorf wie im Film
34. Insel Sein: mitten im Wind
35. Le Guilvinec: die Heimkehr der Fischer
36. Îles de Glenan: die Karibik der Bretagne
37. Concarneau: die Stadt der Kommissare
38. Pont-Aven: unter den Augen des gelben Christus

Ärmelkanal
23
Saint-Pol-de-Léon
24
Plouguerneau
Ploudalmézeau
Morlaix
N12
Landivisiau
28
27
E50
25
26
29
D769
Ouessant
Plouzané
30
24
24
Brest
32
31
N164
33
N165
Douarnenez
34
E60
Scaër
Sein
Quimper
Pointe du Raz
37
38
Bénodet
Atlantischer Ozean
35
Penmarch
Concarneau
Quimperlé
36
Glénan-Inseln

23. MENEHAM UND BRIGNOGAN: STRANDRÄUBER UND ALGENSAMMLER

Hoch oben im Norden der Bretagne, ziemlich weit abseits der Hauptstraßen, erstreckt sich ein zauberhaftes Stück Küste. Zwischen den Sandstränden und Dünen ragen immer wieder vom Wind rundgeschliffene Granit- und Porphyrfelsen aus dem Sand. Die Gewässer gelten wegen der vielen Felsen und Untiefen für die Schifffahrt als gefährlich.

Polierte Granitfelsen bei Meneham

Die Menschen in diesem Küstenstrich waren über lange Jahrhunderte bitterarm. Umso willkommener war es, wenn an der Küste des Pays Pagan ein Schiff im Sturm in die Felsen verschlagen wurde und zerschellte. Nach altem Strandrecht, das bis in die Römerzeit zurückreicht, durften die Küstenbewohner die Früchte des Meeres ernten. Dieses Recht umfasste auch die Aneignung jeglichen Strandguts, einschließlich der Ausrüstung und Ladung gestrandeter Schiffe.

Als Jean-Baptiste Colbert, Finanz- und Marineminister Ludwigs XIV., mit dem Code de la Marine 1681 die Strandräuberei einschränken wollte, änderte dies an den entlegenen bretonischen Küsten nur

Altes Wachthaus bei Meneham

wenig. In Scharmützeln mit den Plünderern zogen die „Douaniers", die die Küsten beaufsichtigen sollten, meistens den Kürzeren. Bis ins 19. Jahrhundert war der Strandraub ein willkommener Nebenerwerb und noch aus dem Jahr 1930 wird berichtet, dass das Frachtschiff La Brière vor der Küste strandete und auffällig viele Küstenbewohner zu neuen Fahrrädern kamen.

Meneham, Fischerhäuser

Eines der Wachhäuser, die den Küstenstrich überwachen sollten, befindet sich höchst malerisch von zwei Felsen eingerahmt bei Meneham. In diesem Weiler in den Dünen lebten bis ins 19. Jahrhundert Algensammler. Die granitgrauen Häuser wurden bis 2008 säuberlich restauriert und wirken wie eine

Strand an der Küste der Legenden.

Filmkulisse aus einem Wikingerstreifen – malerisch zwischen die Felsen gesetzt.

Brignogan-Plages, Menhir Men-Marz

Das Sammeln und Brennen von Seetang hat im Norden der Bretagne seit Jahrhunderten Tradition. Braunalgen, die hier in Massen wachsen, wurden am Strand geerntet und in Gruben langsam zu Pulver gebrannt. Einige dieser Öfen sind in den Dünen bei Meneham bis heute erkennbar. Wurden Algen im 17. und 18. Jahrhundert vor allem zu Soda verarbeitet, das für die Herstellung von Glas benötigt wurde, so waren sie im 19. Jahrhunderts wegen ihres hohen Jodgehalts von der entstehenden chemischen Industrie gefragt. Bis heute werden Algen geerntet, meist freilich von Booten vor der Küste und nicht mehr am Strand. Die Produkte, die aus ihnen erzeugt werden, finden ihre Abnehmer in der Lebensmittel-, pharmazeutischen und kosmetischen Industrie.

Das nahe gelegene Küstennest Brignonan legte sich im Jahr 1936 aus Marketinggründen den Beinamen „Plages“ zu, um vom wachsenden Fremdenverkehr zu profitieren. Doch ist das Dorf trotz seiner wunderbaren Strände bislang von den Massen verschont geblieben. Spazierwege führen zu der Pointe de Pontusval mit einem 150 Jahre alten Leuchtturm, zum „christlichen“ von einem Kreuz gekrönten Menhir Men-Marz und zur Kapelle Saint-Pol. Auf dem Felsen daneben steht ein Wachhäuschen, von aus man gut sehen konnte, ob nicht wieder ein Schiff in den Felsen vom Kurs abgekommen war.

Küste bei Meneham

INFO

Lage: Der Côte des Legendes genannte Küstenstrich liegt nördlich von Brest an der Küste des Ärmelkanals.

Aktivitäten:

- Le Folgoët: Für Kunstinteressierte lohnt ein Besuch der Basilika, seit dem späten Mittelalter ein bedeutendes Wallfahrtsziel 13 Kilometer südlich von Brignogan-Plages, *ndfolgoet.fr*

Strände: Der gesamte Küstenstrich zwischen Goulven, Brignogan-Plages, Kerlouan und Guissény ist eine scheinbar endlose Abfolge von mit Felsen durchsetzten Sandstränden und kleinen Buchten. Ihm folgt der Küstenwanderweg GR34.

Unterkunft:

- Hotel de la Mer: Traditionshotel mit Stil aus den 1930er-Jahren unmittelbar am Strand; mit Restaurant und kleinem Spa; Plage des Chardons Bleus, 29830 Brignogan-Plages; Tel. +33 2 98 43 18 47; *hoteldelamer.bzh*

Touristeninformation: 4 Rue du Général de Gaulle, 29890 Plounéour-Brignogan-Plages, Tel. +33 2 29 61 13 60

Website: *cotedeslegendes.bzh*

24. Pays de Léon: die Strasse der Leuchttürme

Die Einfahrt aus dem Atlantik in den Ärmelkanal ist eine der verkehrsreichsten und gefährlichsten Wasserstraßen der Welt. Leuchttürme sind deshalb für die Seefahrt wichtige Orientierungspunkte. Für die Bretagne wurden sie zu einer Art Markenzeichen: Die Route der Leuchttürme an der Küste des historischen Fürstentums Léon führt zu einigen dieser ikonischen Bauten.

Klosterruine an der Pointe Saint-Mathieu

1978 brachte der Name Amoco Cadiz die Bretagne weltweit in die Schlagzeilen. Der Tanker war vor Portsall an der bretonischen Nordküste auseinandergebrochen und 223.000 Tonnen Rohöl ergossen sich in den Ozean, bis dahin der größte Ölunfall der Weltmeere. Die zähe Flüssigkeit verschmutzte die Strände und verklebte das Gefieder von Tausenden von Seevögeln.

Die Havarie war bei Weitem nicht die erste vor den bretonischen Küsten. Die starken Gezeitenströme und die zahllosen Felsen und Untiefen im Küstenbereich waren seit jeher eine große Herausforderung für die Kapitäne. Schon früh versuchte man, den Fischerbooten, Handels- und Kriegsschiffen durch Befeuerungen beim Navigieren zu helfen. Doch bis ins frühe 19. Jahrhundert waren die Leuchtfeuer nur müde Funzeln, die erst kurz vor den Hafeneinfahrten, die sie markierten, wahrgenommen werden konnten.

Dies änderte sich erst mit der Erfindung einer speziellen Linse durch den Physiker Augustin Jean Fresnel (1788-1827), seit 1819 Sekretär der französischen Kommission für Leuchttürme. Die Fresnellinse bündelt und verstärkt das Licht, sodass Reichweite und Helligkeit der Leuchtfeuer deutlich verbessert wurden. In den folgenden Jahrzehnten wurden überall in Frankreich, vor allem aber in der Bretagne Leuchttürme errichtet. Bis heute sind sie für die Schifffahrt unersetzlich. Etwa 60 Leuchttürme sind an den bretonischen Küsten nach wie vor in Betrieb.

Leuchtturm auf der Île Vierge

Der Phare de l'Île Vierge auf einer Insel vor der Gemeinde Plouguerneau ist mit 82,50 Metern der höchste Europas. 397 Stufen führen hinauf zur Aussichtsplattform. Das Licht ist 27 Seemeilen oder 52 Kilometer weit zu sehen. Der Turm kann bei Niedrigwasser zu Fuß, sonst mit dem Boot erreicht werden.

Ebenso wildromantisch liegt der Leuchtturm an der Pointe Saint-Mathieu. Hier stand einst die Abtei Saint-Mathieu de Fine-Terre, der Legende nach im 6. Jahrhundert durch den heiligen Tanguy, dem archäologischen Befund nach um 1200 gegründet. Größter Schatz des befestigten Klosters war eine Schädelreliquie des Evangelisten Matthäus. Seit der Revolution wurden die Bauten als Steinbruch genutzt, sodass heute nur noch einige Mauern und Gewölbe der gotischen Kirche stehen. Der denkmalge-

Klosterruine Saint-Mathieu und alter Leuchtturm

schützte Leuchtturm wurde 1835 in Dienst gestellt und ist 36 Meter hoch. Heute ist er durch ein modernes Leuchtfeuer ersetzt.

Schon fast am Stadtrand von Brest steht auf einer über einen Damm zu Fuß erreichbaren Insel der Phare du Petit Minou aus dem Jahr 1848. Das 26 Meter hohe Bauwerk markiert die engste Stelle in der Einfahrt zur Hafenbucht von Brest und ist trotz Satellitennavigation für die Sicherung der Schifffahrt unverzichtbar.

Leuchtturm Petit Minou

INFO

Lage: Der Phare de l'Île Vierge liegt bei Plouguerneau 32 Kilometer nördlich von Brest, die Pointe Saint-Mathieu etwa 30 Kilometer westlich von Brest, der Phare du Petit Minou liegt etwa 14 Kilometer im Westen von Brest.

Aktivitäten:

- Phare de l'Île Vierge: Der Zugang zur Insel ist gezeitenabhängig zu Fuß oder mit dem Boot möglich. Bootsüberfahrten ab Plouguerneau, Pointe du Castel Ac'h oder ab l'Aber Vrach mit Pause auf der Île Vierge zur Leuchtturmbesteigung; Vedettes des Abers, Tel. +33 2 98 04 74 94, *vedettes-des-abers.com*
- Phare de la Pointe Saint-Mathieu: in Plougonvelin. Hier bietet sich neben der Besteigung des Leuchtturms ein Besuch des Abteimuseums an, die Ruine des Klosters ist frei zugänglich; Tel. +33 2 98 89 00 17, *www.iroise-bretagne.bzh*
- Phare du Petit Minou: Pointe du Minou, 29280 Plouzané, *lesvigiesduminou.bzh*
- Der Besuch der Leuchttürme lässt sich gut mit einer Rundfahrt durch den äußersten Nordwesten der Bretagne verbinden. An der Küste gibt es freundliche Badeorte wie Portsall, wo das Wrack der Amoco Cadiz heute ein beliebtes Ziel für Tauchsportler ist, Porspoder oder der auf die Algenfischerei spezialisierte Hafenort Lanildut.

Unterkunft:

- Hostellerie de la Pointe Saint-Mathieu: zeitgemäßer Komfort in rauer Küstenlandschaft, mit Restaurant; 7 Place Saint-Tanguy, 29217 Plougonvelin, Tel +33 2 98 89 00 19, *pointe-saint-mathieu.com*

Touristeninformationen:

- Office de Tourisme du Pays des Abers: Place de l'Europe, 29880 Plougerneau, Tel. +33 2 98 04 70 93
- Office de Tourisme Iroise Bretagne: Parc Beauséjour, 29217 Le Conquet, Tel. +33 2 98 38 38 38

Websites:

- *abers-tourisme.com*
- *iroise-bretagne.bzh*

25. Insel Ouessant: Melancholie der Stürme

Der durch seine Filmmusiken bekannte Komponist und Pianist Yann Tiersen widmete seiner Wahlheimat ein ganzes Album: Eusa. Mit seinen ruhigen Stücken will er die ganz eigene melancholische Stimmung dieser baumlosen Insel an der Einfahrt zum Ärmelkanal einfangen. Ouessant ist der äußerste westliche Vorposten Frankreichs und der Bretagne.

Als letzter Partikel der bretonischen Landmasse, die allmählich in den Tiefen des Atlantik versinkt, ragt noch ein kleines Stück Land aus dem Meer: die Insel Ouessant, gerade einmal 16 Quadratkilometer groß. Um sie herum trotzen einige Granitfelsen den Gewalten der Stürme und der Wellen, dann verliert sich der Blick in der Weite des Ozeans. Hier, zehn Seemeilen vor der bretonischen Küste, beginnt der Ärmelkanal. Nicht weniger als fünf Leuchttürme sichern die Einfahrt in die meistbefahrene Wasserstraße der Welt.

Felsenküste von Ouessant

See- und wetterfest sollte schon sein, wer in Brest oder Le Conquet die Fähre besteigt. Denn spiegelglatt präsentiert sich das Meer selten. Oft herrscht ein kräftiger Wind, der nicht selten zu einem heftigen Sturm ausartet. Den Kapitänen der Fährschiffe wird einiges Können abverlangt. Vor allem die Passage du Fromveur zwischen den Inseln des Molène-Archipels und Ouessant ist tückisch. Neben dem Wind sind enorm starke Gezeitenströmungen, die Geschwindigkeiten bis zu zehn Knoten erreichen, zu meistern.

Der Fährhafen liegt windabgewandt im Westen der sieben Kilometer langen Insel. Oberhalb steht der Phare du Stiff, ein Leuchtturm, der schon 1685 auf Veranlassung von Vauban am höchsten Punkt von Ouessant errichtet worden ist. Shuttlebusse bringen die Passagiere vom Hafen zum Hauptort Lampaul im Zentrum der Insel.

Phare du Stiff

Das Landschaftsbild von Ouessant ist von baumlosen, gras- und heidebewachsenen Flächen und mehr als einhundert Weilern und Gehöften geprägt. Die Hälfte der Insel gehörte einst den Schafen, die andere Hälfte war in wohnzimmergroße Parzellen aufgeteilt, in denen die Frauen der Insel Gemüse, Kartoffeln und Gerste pflanzten, um für den täglichen Lebensunterhalt der Familien zu sorgen. Die Männer fuhren zur See und waren selten zu Hause. Mitte des 19. Jahrhunderts soll es 45.000 solcher

Die baumlose Landschaft von Ouessant

Kleingärten gegeben haben. Heute sind sie verschwunden. Nur die Ouessantschafe, eine kleinwüchsige und anspruchslose Rasse, haben dank einer Erhaltungszucht überlebt.

Empfehlenswert ist eine Rundwanderung von Lampaul zur Pointe de Pern, dem westlichen Punkt der Insel. Dabei passiert man nicht nur die grandiosen Felsenlandschaften an der Nordküste und an der Bucht von Lampaul, sondern kommt auch an zwei Attraktionen der Insel vorbei. Das Ecomusée d'Ouessant im Weiler Niou Huella präsentiert in zwei alten Inselhäusern die Lebensverhältnisse vergangener Jahrhunderte. Der Phare de Créach, 1863 gebaut, 47 Meter hoch und seit 2011 unter Denkmalschutz, ist bis heute der stärkste Europas. Das entbehrungsreiche Leben der Leuchtturmbesatzungen in früheren Zeiten wird eindrucksvoll dokumentiert im preisgekrönten Film „Die Frau des Leuchtturmwärters“ mit Sandrine Bonnaire, 2004 auf der Insel Ouessant gedreht.

Mehrere Leuchttürme schützen die Zufahrt zum Ärmelkanal.

INFO

Lage: Ouessant liegt etwa 18 Kilometer westlich der bretonischen Küste und markiert die Einfahrt zum Ärmelkanal.

Überfahrt: Fähren nach Ouessant vom Fährhafen in Le Conquet, Quai Vauquois, 29217 Le Conquet:

- Penn Ar Bed: bietet auch eine durchgehende Überfahrt ab Brest, Abfahrt vom Gare Maritime, Quai Georges Lombard, 29200 Brest; Tel. +33 2 98 80 80 80, *pennarbed.fr*
- Finist'Mer: Die auf Ausflugsfahrten spezialisierte Reederei bietet Ausflüge auf die Insel Ouessant von den Häfen Le Conquet, Lanildut und Camaret auf der Halbinsel Crozon. Tel. +33 2 98 89 05 95, *finist-mer.fr*

Aktivitäten:

- Am Hafen Port du Stiff auf Ouessant warten Shuttlebusse (Navettes) zur Fahrt zum Hauptort Lampaul.
- Auch lassen sich am Hafen Fahrräder für Rundtouren auf der Insel mieten.
- Cromlech de Pen-Ar-Lan: In wildromantischer Landschaft im Südwesten der Insel befindet sich auf einem 23 Meter hohen Hügel ein gut erkennbarer prähistorischer ovaler Steinkreis.
- Ecomusée d'Ouessant: im Weiler Niou Huella, etwa ein Kilometer westlich des Zentrums von Lampaul; Niou Huella, 29242 Ouessant, Tel. +33 2 98 48 86 37, *pnr-armorique.fr/destination-parc/nos-maisons-de-parc/ecomusee-douessant*
- Molène: Weniger spektakulär, aber durchaus sehenswert ist die kleine Insel auf halbem Weg von Le Conquet nach Ouessant, von den meisten Schiffen der Fährgesellschaften als Zwischenstopp auf der Überfahrt angelaufen. Die Insel lässt sich bequem in einer Stunde zu Fuß umrunden; *molene.fr*

Touristeninformation: Bourg de Lampaul: 29242 Ouessant, Tel. +33 2 98 48 85 83

Website: *ot-ouessant.fr*

26. Brest: ein Bad im Grünen

Seit Jahrhunderten war Brest einer der wichtigsten Stützpunkte der französischen Kriegsmarine. Im Zweiten Weltkrieg total zerstört, präsentiert sich die Metropole – im Großraum leben etwa 400.000 Menschen – heute modern. Nur wenige wissen, dass die Stadt einen hochinteressanten botanischen Garten besitzt, dessen Bedeutung weit über das lokale Interesse hinausgeht.

Die Gärten und Gewächshäuser des „Conservatoire Botanique National" sind sogar die größte Anlage ihrer Art in ganz Frankreich. Am Anfang stand der Gedanke, dem Publikum in einer großen Parkanlage die Pflanzen der Welt vor Augen zu führen, vor allem solche, die vom Aussterben bedroht sind, ähnlich wie in einem Zoo die Tiere. Da fügte es sich, dass es in einem Vorort von Brest einen alten verwilderten Steinbruch gab, der rehabilitiert werden sollte. Im Jahr 1970 rollten die ersten Planierraupen und Bagger an und schufen in jahrzehntelanger Arbeit ein grünes Juwel.

Als grüne Oase schmiegt sich der botanische Garten …

Das Gelände erwies sich als nahezu ideal für den Zweck, für den es gedacht war: Pflanzen zu retten und sie in einer Art Arche Noah für die Nachwelt zu bewahren. In dem Gelände von 30 Hektar gibt es verschiedenartige Milieus mit unterschiedlichem Mikroklima. Heute, 50 Jahre nach den ersten Arbeiten, präsentiert sich der botanische Garten in voller Pracht: mit zahllosen blühenden Blumen, Sträuchern und Bäumen im Frühjahr, sattem Grün im Sommer und den changierenden Laubfarben im Herbst.

... zwischen die Hochhäuser der Hafen- und Industriestadt Brest.

Gewächshaus des Conservatoire Botanique National

Die gärtnerische Weltreise ist geografisch gegliedert: Sie beginnt in der Bretagne und führt durch die Welt des Mittelmeers nach Asien, um in Amerika oder Australien zu enden. Bretonische Eichen konkurrieren mit mächtig ausladenden Kaschmir-Zypressen und chilenischen Honigpalmen, Bambusdickicht wechselt mit schattigen Eukalyptushainen. Und immer wieder werden die Pflanzungen durch Bachläufe und Teiche aufgelockert.

Nicht minder interessant ist ein Besuch der tropischen Gewächshäuser. In vier weitläufigen Glasbauten werden vom Aussterben bedrohte Pflanzen der Tropen und Subtropen gezeigt. Mit insgesamt 1800 unter Beobachtung stehenden Arten, ist die Sammlung eine der bedeutendsten ihrer Art auf der gesamten Erde. Ein Spaziergang durch den botanischen Garten von Brest ist eine erholsame Entdeckungsreise durch die Welt der Pflanzen – und zugleich eine Mahnung, die Augen offen zu halten für den Schutz und die Bewahrung unserer Natur.

INFO

Lage: Die Großstadt Brest liegt im Westen der Bretagne.

Aktivitäten:

- Jardin du Conservatoire Botanique National: am westlichen Stadtrand von Brest; Rampe du Stang-Alar, 29200 Brest, Tel. +33 2 98 02 46 00, *cbnbrest.fr*
- Océanopolis: Für trübe Tage bietet sich ganz in der Nähe des botanischen Gartens ein Besuch des riesigen Aquariums an, das zu den sehenswertesten Einrichtungen seiner Art nicht nur in Frankreich zählt; Port de Plaisance du Moulin Blanc, 29100 Brest, Tel. +33 2 98 34 40 40, *oceanopolis.com*

Touristeninformation: Place de la Liberté, 8 Avenue Georges Clemenceau, 29200 Brest, Tel. +33 2 98 44 24 96

Websites:

- *brest-metropole-tourisme.fr*
- *brest-terres-oceanes.fr*
- *toutcommenceenfinistere.com*

27. Landerneau: Supermarkt für grosse Kunst

Eine erstklassige Adresse für Liebhaber moderner Kunst in der Bretagne befindet sich in einer Kleinstadt im Bannkreis der Metropole Brest. Sie geht zurück auf eine Stiftung von Hélène und Édouard Leclerc, der den Lebensmittelhandel in Frankreich revolutionierte. Ausgangspunkt seiner ganz Frankreich umspannenden Supermarktkette war Landerneau.

Der Publizist Kurt Tucholsky, Gesellschaftskritiker, Satiriker und Auslandskorrespondent in Frankreich, schrieb der bretonischen Landbevölkerung in einer Glosse aus dem Jahre 1925 vielerlei Eigenschaften zu: neben einer althergebrachten Frömmigkeit einen dicken Kopf, harten Geiz und große Geschäftstüchtigkeit. Kaum eine andere Person verkörperte diese Eigenschaften so sehr wie Édouard Leclerc, der im darauffolgenden Jahr geboren wurde.

Hypermarché Leclerc

Als sechstes von 15 Kindern einer gottesfürchtigen Familie sollte er Priester werden, studierte auch ein wenig Philosophie, zog aber letztendlich ein weltliches dem geistlichen Leben vor. Kurz vor Weihnachten 1949 eröffnete er in einem Schuppen seiner Heimatstadt einen kleinen Laden und stapelte Kartons voller Kekse und anderen Gebäcks, die er direkt von der Fabrik bezogen hatte, zur Selbstbedienung auf den Boden. Und unterbot die Preise der alteingesessenen Konkurrenz um 30 Prozent. Das Geschäft lief. Er baute sein Sortiment schnell aus und wurde auf diese Weise zum ersten Discounter Europas – 15 Jahre, bevor die Brüder Albrecht in Deutschland nach dem gleichen Prinzip die ersten Aldi-Märkte eröffneten.

Schnell dehnte sich die Kette E.Leclerc über ganz Frankreich aus. Überall im Land stehen die gleichnamigen Super- und Hypermärkte am Rande der Städte. Leclerc wurde zum Multimillionär und blieb dabei seiner Heimatstadt stets verbunden. Im Jahr

2011 errichtete die Familie den Fonds Culturel Hélène et Édouard Leclerc und stellte ihm in Landerneau die restaurierten Räumlichkeiten des ehemaligen Kapuzinerklosters zur Verfügung. Die Gebäude aus dem 17. Jahrhundert wurden lange als Fabrik genutzt und dienten später auch einige Jahre als Supermarkt.

Seit 2012 werden hier jedes Jahr ein bis zwei große Ausstellungen organisiert, die weit über die nähere Umgebung hinaus Aufmerksamkeit finden. Ikonen der Kunstgeschichte des 20. Jahrhundert wie Marc Chagall, Alberto Giacometti, Henry Moore oder Pablo Picasso wurden hier in großen Ausstellungen gewürdigt.

Landerneau, Altstadt

Auch das historische Zentrum von Landerneau ist einen Umweg wert. Am Ende des Mündungstrichters des Élorn gelegen, entwickelte sich die Stadt im späten Mittelalter zum Hauptort des Fürstentums Léon und zu einem wichtigen Hafen und Handelsplatz, vor allem für Segeltuch und Leder. Bemerkenswert ist neben der Altstadt die Brücke Pont de Rohan über den Élorn aus dem Jahr 1510, die bis heute mit Häusern überbaut ist – wie es in früheren Jahrhunderten der Enge der Städte geschuldet weithin üblich war.

INFO

Lage: Landerneau liegt etwa 25 Kilometer östlich von Brest.

Aktivitäten:

- Fonds Hélène & Edouard Leclerc: Jährlich finden zwei große Ausstellungen zur zeitgenössischen Kunst in den Sälen des früheren Kapuzinerklosters statt; FHEL pour la culture aux Capucins, 29800 Landerneau, Tel. +33 2 29 62 47 78, *fonds-culturel-leclerc.fr*

Touristeninformation: 16 Place du Général de Gaulle, 29800 Landerneau, Tel. +33 2 98 85 13 09

Website: *tourisme-landerneau-daoulas.fr*

28. Guimiliau: Frömmigkeit, in Granit gemeisselt

Grimmig schauen die Fratzen der Teufel, die mit ihren Höllenwerkzeugen die nackte Sünderin Katell Golet in den Höllenschlund hineinstoßen. Legenden und biblische Szenen mischen sich in den Steinreliefs des Kalvarienbergs vor der Kirche von Guimiliau. Sie sollten den Gläubigen das Leiden Christi und die Geschichten der Bibel vor Augen führen.

Überall im Westen der Bretagne, vor allem in den historischen Landschaften Léon und Cornouaille, wurden von der Mitte des 15. Jahrhunderts bis zu Beginn des 17. Jahrhunderts vor den Kirchen Kalvarienberge aufgestellt. Oft sind es nur schlichte Kreuze mit dem Corpus Christi, doch häufig wurden die Kreuze auch in eine Skulpturengruppe gestellt, mit Engeln, die das Blut Christi auffangen, mit Maria und dem Apostel Johannes am Fuße des Kreuzes. Die prächtigsten dieser Kalvarienberge zeigen an den Seiten ihres Sockels ganze Skulpturengruppen, die biblische Begebenheiten wiedergeben.

Skulpturengruppen am Kalvarienberg

Der Kalvarienberg von Guimiliau, zwischen 1581 und 1588 erbaut, zeigt 37 Szenen mit nahezu 200 Personen. Eine Treppe führt hoch zur Kanzel, von der aus der Priester predigte. Mithilfe der in Stein geschlagenen Szenen konnte er dem Kirchenvolk die biblische Geschichte lebendig erklären, umso mehr als sich die Figuren ursprünglich farbig gefasst darboten und nicht wie heute granitgrau verwittert sind. Die didaktisch-moralische Absicht ist unverkennbar. Lokale bretonische Erzählungen und religiöse Inhalte mischen sich: Weshalb sonst wird Katell Golet, die der Überlieferung nach ein sexuell sehr freizügiges Leben führte, in den Höllenschlund gestoßen?

Der Kalvarienberg steht auf dem Kirchhof, dem ummauerten Pfarrbezirk, wie es ihn in vielen bretonischen Dörfern gab. Im Mittelpunkt steht natürlich die Pfarrkirche, in der Bretagne oft ein spätgotischer Bau von beachtlicher Größe. Eine Vorhalle auf der Südseite führt in die Kirche, an deren Seiten lebensgroße Figuren von Aposteln und Heiligen den Eintretenden das Geleit geben.

Sakristei

Triumphtor und Vorhalle

Besonders prachtvoll ist die Triumphpforte, durch die die Toten zur Bestattung getragen werden. Auf dem Kirchhof steht häufig auch ein Beinhaus, in dem nach einer Ruhezeit die Gebeine der Toten, die zuvor in der Kirche bestattet waren, überführt wurden. Als dann später die Kirchhöfe wieder zu Friedhöfen wurden, verloren die Beinhäuser ihre Funktion und wurden anderen Zwecken zugeführt. Im 17. Jahrhundert wurde in Guimiliau wie in anderen Kirchen eine Sakristei angebaut, die mit Turmaufsatz und runden Bauformen einen stilistischen Kontrast zu den übrigen Bauten des Kirchhofs bildet.

In Guimiliau lässt sich ein bretonischer Kirchhof des 16. Jahrhunderts nahezu idealtypisch studieren. Die Figurengruppen der Kalvarienberge sind eine eigenständige Leistung bretonischer Bildhauerkunst. Ihnen fehlt die Raffinesse und höfische Eleganz der zeitlich parallelen flämisch-burgundischen Bildhauerei. Sie sind einfach modelliert, die Konturen sind grob geschnitten, wirken naiv. Aber sie sind ein lebendiger Ausdruck der Vorstellungswelt des späten Mittelalters und der Renaissance in einem entlegenen, sehr katholischen Teil Frankreichs.

Saint-Thegonnec, Kirchhof mit Kalvarienberg und Beinhaus

Guimiliau, Passionsszene

INFO

Lage: Guimiliau liegt ca. 20 Kilometer südwestlich von Morlaix und 45 Kilometer östlich von Brest.

Aktivitäten:

- Kirchhof und Kalvarienberg von Guimiliau: In der Ortsmitte. Dem wenige Schritte entfernten Touristenbüro ist ein instruktives Informationszentrum über die historische Entwicklung und religiösen Hintergründe der bretonischen Kirchhöfe angeschlossen; *ciap-enclos.fr*
- Lampaul-Guimiliau: vier Kilometer westlich von Guimiliau; bemerkenswerter Pfarrbezirk mit schönem Renaissance-Beinhaus und reich ausgestatteter Kirche. Der Kirchturm ist einer der höchsten der Bretagne. Informationen im Touristenbüro von Guimiliau
- Saint-Thegonnec: 13 Kilometer südwestlich von Morlaix; intimer Pfarrbezirk mit großem Kalvarienberg und prachtvollem Beinhaus; in letzterem kleines Museum. Die Kirche liegt in der Mitte des Dorfes; Infomationsbüro 3 Place de la Mairie, 29410 Saint-Thégonnec, Tel. +33 2 98 79 67 80, *baiedemorlaix.bzh*

Touristeninformation: 53 Rue du Calvaire, 29400 Guimiliau, Tel +33 2 98 68 33 33

Website: *roscoff-tourisme.com*

29. DIE MONTS D'ARRÉE: DAS DACH DER BRETAGNE

Hoch sind sie nicht, die höchsten Gipfel der Bretagne. Auf maximal 385 Meter bringen es die kahlen Kuppen der Monts d'Arrée, die den Westen der Halbinsel von Ost nach West durchziehen und die historischen Landschaften Léon und Cornouaille voneinander trennen. Heideflächen und Torfmoore fügen sich zu einem Mosaik von einzigartigen Landschaftsbildern, das von einem Netz lohnender Wanderwege durchzogen wird.

Gipfel des Mont Saint-Michel

Die Höhen der Monts d'Arrée sind der spärliche Rest des einst mächtigen Armorikanischen Gebirges, das in mehreren hundert Millionen Jahren von den Kräften der Verwitterung abgetragen und glattgeschliffen wurde. Die Landschaft wird geprägt von Torfmooren und Heideflächen, die immer wieder von offenliegenden Felsbändern durchbrochen werden – mit etwa 8000 Hektar die ausgedehnteste Heidelandschaft der Bretagne.

Markantester Berg des Höhenzugs ist der Mont Saint-Michel, auf dessen Kuppe in 380 Meter Höhe die Kapelle Saint-Michel-de-Brasparts steht. Der bretonische Schriftsteller Jacques Cambry beschrieb die Landschaft um 1800 mit folgenden Worten. „Wenn man sich dieser Kapelle nähert, entkleidet sich das Land von Bäumen und Sträuchern (...) Es ist nur noch mit Heidekraut und Felsen bedeckt, die von Stürmen zerbrochen oder von den Zeiten verwittert sind. Alles nimmt einen wilden Charakter an, einen Hauch von Tod; es ist der

Kapelle Saint-Michel

Anblick einer riesigen Wüste, deren lange und ermüdende Gleichförmigkeit durch nichts aufgelockert oder variiert wird." Verändert hat sich die Landschaft seither nur wenig.

Heidelandschaft Yeun Elez

Seit uralten Zeiten befinden sich Michaelskapellen auf Gipfeln. Die örtliche Legende besagt, dass der Erzengel an dieser Stelle einen Drachen besiegt hat – ein Hinweis auf ein untergegangenes keltisches Sonnenheiligtum. Von seiner Kapelle blickt der Engel auf einen künstlichen See, der sich über einem früheren Torfmoor ausbreitet, dem Yeun Elez, dem Tor zur Hölle. Wegen seiner geheimnisvollen Nebelfelder hat es eine gleichsam magische Atmosphäre und galt den Alten als Pforte zur Unterwelt.

Der See wurde in den 1960er-Jahren angelegt als Kühlwasserreservoir für das nahe gelegene Kernkraftwerk Brennilis. Der Reaktor, 1967 in Betrieb gegangen, war in den 1970er-Jahren mehrfach Ziel von Anschlägen bretonischer Separatisten und Kernkraftgegner. 1985 wurde er stillgelegt und seither hat sich die französische Regierung nie wieder getraut, in der Bretagne Atomkraftwerke zu planen.

Pleyben, Kalvarienberg

Ein dichtes Netz von Wanderwegen erschließt die Monts d'Arrée. Die höchsten Gipfel, der Tuchenn Kador, der Roc'h Trérvezel und der Roc'h Ruz, mit jeweils 384 bzw. 385 Metern auch keine Bergriesen, befinden sich etwas weiter nördlich. Ein Ausflug zur Kapelle Saint-Michel lässt sich gut verbinden mit einem Abstecher nach Huelgoat, einem Ort am östlichen Fuße des Höhenzugs in einem ausgedehnten Waldgebiet mit riesigen glattgeschliffenen Granitbrocken zwischen den Bäumen. Der „Weg der Liebenden" führt vom Ortsrand in den geheimnisumwitterten Wald zu Felsen und Grotten in einer verzauberten Landschaft.

INFO

Lage: Die Monts d'Arrée liegen im Westen der bretonischen Halbinsel und bilden eine natürliche Grenze zwischen dem Norden und dem Süden des Départements Finistère.

Aktivitäten:

- Chapelle de Saint-Michel-de-Brasparts: Der Gipfel des Mont Saint-Michel ist auch für Nichtwanderer relativ bequem zu besuchen, nur die letzten 200 Meter vom Parkplatz führen auf einem Treppenweg zum Gipfel.
- Wandern in den Monts d'Arrée: Der Fernwanderweg GR380 führt in einem großen Bogen von Morlaix rund um den Bergzug. Kürzere Wanderungen in den Bergen finden sich hier: *montsdarreetourisme.bzh/randonnées*
- Pleyben: Ein lohnender Halt auf dem Weg von Quimper in die Berge. Vor der Kirche befindet sich der größte Kalvarienberg der Bretagne; Informationsbüro: Place Charles de Gaulle, 29190 Pleyben, Tel. +33 2 98 26 71 05
- Châteauneuf-du-Faou: Lohnend auch ein Stopp im brandneuen Museum des Malers Paul Sérusier; 1 Place André le Gall, 29520 Châteauneuf-du-Faou, Tel. +33 2 98 03 27 35

Touristeninformationen:

- Place des Monts d'Arrée, 29190 Brasparts, Tel. +33 2 98 81 47 06
- 25 Place Aristide Briand, 29690 Huelgoat, Tel. +33 2 98 99 72 32

Website: *montsdarreetourisme.bzh*

30. Das Tal der Heiligen: Kolosse aus Stein

Die bretonische Osterinsel wurde es schon genannt, das Carnac des 21. Jahrhunderts. Ein wenig exzentrisch ist sie ja schon, die Idee, auf einer Wiese mitten in der Bretagne 1000 monumentale Skulpturen aus Granit aufzustellen. Wobei die Arbeit gerade erst begonnen hat. Zur Zeit stehen etwa 200 davon, jedes Jahr entstehen etliche neue.

Die Idee stammt von Philippe Abjean, Philosoph, Theologe und streitbarer Bretone. Sein Ziel gilt der Erneuerung des christlichen Glaubens durch eine Rückbesinnung auf die traditionelle Kultur in einer modernen Gesellschaft. In diesem Sinne hatte er schon in den 1990er-Jahren den Tro Breiz wiederbelebt, im Mittelalter eine Wallfahrt zu den sieben historischen Bischofssitzen der Region.

Danach bekam er die Idee, ein Ensemble von 1000 monumentalen Standbildern von Heiligen zu schaffen, die in der keltisch-christ-

Die heilige Katell (Katharina)

lichen Tradition der Bretagne verwurzelt sind. Viele davon Mönche und Eremiten, die im frühen Mittelalter aus Schottland, Wales und Cornwall, zugewandert sind. Abjean wollte bretonischen Legenden ein Gesicht geben, die vielfach nur mündlich überliefert sind, aber im kollektiven Gedächtnis der Bretagne einen festen Platz haben.

Der heilige Tugdual, erster Bischof von Tréguier

Im Jahr 2009 wurde das Projekt der Öffentlichkeit vorgestellt, und die ersten sieben Standbilder entstanden: die Gründerväter und ersten Bischöfe des bretonischen Christentums – die heiligen Malo, Samson, Brieuc, Tugdual, Paul Aurélien, Corentin und Paterne. Aufgestellt wurden sie auf einer Wiese in der Nähe des Fleckens Carnoët, aus der sich ein Hügel, ein mittelalterlicher Burgstall, erhebt. War dies der Ort, an dem 1197 ein Heer des englischen Königs Richard Löwenherz vom bretonischen Herzog verjagt wurde? Gehörte das Land nicht einmal dem

Der heilige Bischof Alan

Die heilige Äbtissin Ninnog

Vicomte Paul Fleuriot de Langle, der 1785 als erster eine Karte der durch ihre mysteriösen Steinkolosse bekannten Osterinsel im Pazifik anfertigte? Richtig belegen lässt sich das alles nicht, doch spielt die mündliche Überlieferung in der Gedankenwelt Philippe Abjeans eine gewichtige Rolle.

Die Planungen sind gigantisch. Auf einer Fläche von rund 36 Hektar sollen einmal Standbilder von 1000 Heiligen stehen. Jedes Jahr werden neue Figuren geschaffen, vier bis sieben Meter hoch und aus bretonischem Granit. Viele der Bildhauer arbeiten vor Ort, die Besucher können ihnen bei der Arbeit zusehen. 2025 wurde mit der Figur des Erzengels Michael die 200. Statue aufgerichtet – das gesamte Werk wird erst in Jahrzehnten vollendet werden.

Über die künstlerische Qualität der Standbilder lässt sich streiten. Philippe Abjean hatte sich niemals zum Ziel gesetzt, eine avantgardistische Installation zu schaffen, die einst zu den Ikonen der Kunstgeschichte gerechnet wird. Er wollte vielmehr der Bretagne ein inspirierendes Monument geben, das in den lokalen Traditionen und Überlieferungen wurzelt. Eine gewisse Ähnlichkeit mit den geheimnisvollen Steinreihen des Neolithikums ist dabei durchaus gewollt. Aber ob die heiligen Berc'hed, Bihui, Briac, Derrien, Eneour und wie sie alle heißen auch in 5000 Jahren noch über die grünen Hügel der Bretagne blicken werden ... ?

Heilige Idy, Detail

INFO

Lage: Das Tal der Heiligen liegt im Bereich der Gemeinde Carnoët etwa 40 Kilometer südöstlich von Morlaix.

Aktivitäten:

- La Vallée des Saints: Anders als der Name vermuten lässt, sind die Standbilder auf einem Hügel am Rande des Weilers Quénéquillec aufgestellt. Das Areal ist rund um die Uhr frei zugänglich; Quénéquillec, 22160 Carnoët, Tel. +33 2 46 91 62 26, *lavalleedessaints.com*. Die Webseite enthält Abbildungen der aufgestellten Monumentalfiguren und eine Auflistung der Künstler.
- Plougonven: Im Dorf Plougonven an der Strecke von Morlaix zum Tal der Heiligen steht vor der Kirche einer der erhaltenen, wenn auch stark restaurierten monumentalen Kalvarienberge aus dem 16. Jahrhundert.

Touristeninformation: Place du Champ-au-Roy, 22200 Guingamp, Tel. +33 2 96 43 73 89

Website: *guingamp-paimpol.com*

31. MÉNEZ HOM: BERG DER LEGENDEN

330 Meter Höhe sind für einen Gipfel nicht gerade imposant, doch ist der Ménez Hom einer der markantesten Berge der Bretagne. So ist es kein Wunder, dass er als „heiliger Berg" gilt, um den sich seit alters her Legenden ranken. Und heute kann der Wanderer von den kahlen Flächen des Hochplateaus immer wieder grandiose 360-Grad-Panoramen über das Meer und das Hinterland der Bretagne genießen.

Heideflächen auf der Höhe des Ménez Hom

Bronzefigur der Göttin Brigitte

Der Ménez Hom ist der westliche Ausläufer der Monts d'Arrée. Wegen seiner exponierten Lage wurde ihm frühzeitig eine große kultische Bedeutung zugemessen, obwohl schlüssige Beweise fehlten und fehlen. Sicherlich, es gibt ein paar megalithische Reste. Und als man 1913 bzw. 1928 eine 70 Zentimeter hohe Bronzestatuette einer Göttin aus dem 1. Jahrhundert n. Chr. entdeckte und sie als Abbildung der keltisch-irischen Gottheit Brigitte sah, wuchsen die Spekulationen über ein keltisch-römisches Heiligtum.

Farbenfroher Altar der Kapelle Sainte-Marie-du-Ménez-Hom

Zahllose Legenden sind mit dem Berg verbunden. Eremiten fanden in den Wäldern an seinen Hängen die Einsamkeit, die sie suchten, um ein gottgefälliges Leben zu führen. Der heilige Corentin nährte sich von einem Fisch im Brunnen neben seiner Einsiedelei, der niemals starb. Später wurde er der erste Bischof von Quimper.

Einst herrschte in der Gegend der König Marc'h, der Pferdeohren hatte – vielleicht ein Hinweis auf eine vorchristliche Pferdegottheit. Sein Grab soll sich an einem Hang des Berges befinden – mit ständigem Blick auf den Glockenturm der Kapelle Sainte-Marie-du-Ménez-Hom. Sie steht auf halber Höhe zum Gipfelplateau in wildromantischer Lage, nur von ein paar Häusern umgeben. Vielleicht wurde die Kapelle von Templern errichtet, vom Ritterorden, der im mittelalterlichen Frankreich zu sagenhaftem Reichtum gekommen ist und 1307 vom König Philipp dem Schönen verboten wurde. Zuvor jedoch sollen die Ritter am Fuße des Ménez Hom ihren Schatz vergraben haben.

Kapelle Sainte-Marie-du-Ménez-Hom

Geheimnisvolle Legenden gibt es viele, doch durch seriöse Quellen abgesichert ist wenig. Das heutige Kirchengebäude ist trotz seines verwunschenen mittelalterlichen Charakters viel jünger, wurde erst Ende des 16. Jahrhunderts begonnen. Rund um die Kapelle wurden bis vor etwa 100 Jahren jeden Sommer mehrere Jahrmärkte abgehalten, zu denen die Händler von weither kamen. Ihre Abgaben sorgten für die mit drei Barockaltären und den geschnitzten Fußpfetten des Dachstuhls ausgesprochen prächtige Ausstattung der

Kirche. Im Kirchhof befindet sich ein schöner Kalvarienberg, der sogar ein wenig älter ist als die Kapelle selbst

Von der Kapelle führt ein nicht allzu anstrengender Fußweg hinauf auf das Gipfelplateau des Ménez-Hom, das auch bequem mit einem Auto erreicht werden kann. Ein dichtes Netz von Wanderwegen überzieht die kahlen Heideflächen des Bergmassivs. Der ständige Wind hält die Vegetation, Gräser, Heidepflanzen und niedrigen Sträucher flach. Schafherden finden hier üppige Weide und sorgen auf ihre Weise dafür, dass kein hoher Bewuchs entsteht. Vom höchsten Punkt bietet sich ein einzigartiger 360-Grad-Rundumblick vom Cap Sizun über die Halbinsel Crozon bis hin zur Bucht von Brest und über die Monts d'Arrée.

INFO

Lage: Der Ménez Hom liegt im Westen der Bretagne, etwa auf halbem Wege zwischen den Städten Brest und Quimper. Die Kapelle Sainte-Marie-du-Ménez-Hom steht unmittelbar an der Landstraße D 887 von Chateaulin zur Halbinsel Crozon.

Aktivitäten:

- Kapelle Sainte-Marie-du-Ménez-Hom: Die Kirche ist von April bis Oktober täglich geöffnet; der gleichnamige Weiler gehört zum Gemeindegebiet von 29550 Plomodiern.

Strände: Westlich des Ménez-Hom erstreckt sich zwischen den Orten Pentrez und Lestrevet ein kilometerlanger, breiter Sandstrand, der auch gut geeignet ist zum Strandsegeln und Kitesurfen.

Unterkunft:

- Auberge des Glazicks: Zwei-Sterne-Restaurant mit komfortablen Zimmern in einem kleinen Dorf zu Füßen des Ménez Hom: 7 Rue de la Plage, 29550 Plomodiern, Tel. +33 2 98 81 52 32, *aubergedesglazick.com*

Touristeninformation: 1 Rue du Ménez Hom, 29550 Plomodiern, Tel. +33 2 98 81 27 37

Website: *menezhom-atlantique.bzh*

32. Halbinsel Crozon: Die Essenz der Bretagne

Claude Chabrol, weltberühmter Regisseur der Nouvelle Vague, fand vor mehr als 50 Jahren die Drehorte für seinen düsteren Klassiker „Das Biest muss sterben" auf der Halbinsel Crozon. Klippen und Badeorte, granitgraue Dörfer, Wälder und baumlose Heide – nirgendwo sonst sind die Charakterzüge der bretonischen Landschaft auf engem Raum so fassbar wie auf der weit in die Keltische See ragenden Landspitze südlich von Brest.

Die kühne Brücke von Térénez

Die Zufahrt ist spektakulär. In einem kühnen Bogen überspannt seit 2011 die zerbrechlich wirkende Brücke von Térénez den Fluss Aulne, eine Schrägseilbrücke mit 100 Meter hohen Pilonen und einer in einer Kurve verlaufenden Fahrbahn.

Bekanntester Ort der Halbinsel ist das kleine Hafenstädtchen Camaret an einer Bucht, die gut gegen westliche und nordwestliche Winde geschützt ist. Die Hafeneinfahrt wird von einem mächtigen Turm bewacht, dem Tour Vauban, der von dem Festungsbaumeister Ludwigs XIV. zum Schutz der Halbinsel verstärkt worden war. Schon wenige Jahre nach seiner Fertigstellung im Jahr 1689 konnte er sich bewähren, als er einer holländisch-britischen Flotte die Einnahme des Hafens verwehrte. Gleich

Mole von Camaret mit Tour Vauban

Kapelle Notre-Dame de Rocamadour

neben dem Turm steht die spätmittelalterliche Kirche Notre-Dame de Rocamadour, die mit den vielen Schiffen als Votivgaben in ihrem Inneren ausgesprochen malerisch wirkt.

Im 19. Jahrhundert war Camaret ein armes Fischerdorf, das vom Sardinenfang, später von der Langustenfischerei mehr schlecht als recht lebte. Seit etwa 1870 suchten Maler den entlegenen Ort auf. Er vermittelte ihnen ein Gefühl von Abenteuer, Exotik und Authentizität. Der Freilichtmaler Eugène Boudin schuf in Camaret eine endlose Folge maritimer Szenen und Landschaftsbilder, die heute in vielen Museen hängen. Andere folgten ihm, Étienne Bouillé, Pierre Vaillant, Henri Rivière, Charles Collet, André Derain – Namen, die uns heute nicht mehr viel sagen. Doch in den Jahrzehnten vor und nach 1900 waren sie

Pointe de Penhir

hochpopulär. Hafenszenen und Landschaftsbilder, sturmumtoste Felsenküsten, leuchtende Weizenfelder und windschiefe Bauernhöfe hatten in den Salons der Belle Époque Konjunktur. Pariser Galeristen exportierten die Bilder bis nach Amerika, wo sie sich guter Nachfrage erfreuten.

Im Gefolge der Künstler kamen die Urlauber, und der Fremdenverkehr wurde zum bedeutendsten Wirtschaftszweig. Bis heute präsentiert sich Camaret als hübscher Ferienort, der die Übertreibungen überspannter touristischer Entwicklung nicht mitgemacht hat. Eine Wanderung führt – vorbei an megalithischen Steinreihen und verfallenden Bunkern des Zweiten Weltkriegs – zum eindrucksvollen Felsenkap der Pointe de Penhir.

Noch etwas spektakulärer ist die Wanderung von Morgat zum Cap de la Chèvre. Morgat war viele Jahre die Sommerresidenz des

Menhire bei Camaret

Autopioniers und -magnaten André Peugeot. Sein Grand Hotel und die anderen Hotels und Villen mögen heute ein wenig aus der Zeit gefallen sein, doch gleich am Ortsrand beginnt der Weg zu den rauen Klippen des Cap de la Chèvre, die schon in Chabrols Film dramatisch in Szene gesetzt wurden.

INFO

Lage: Wie ein Dreizack ragt die Halbinsel Crozon südlich von Brest ins Meer.

Aktivitäten:

- Tour Vauban: ummauerter Festungsturm auf der Mole von Camaret; Tel. +33 2 98 27 91 12
- Abtei Landévennec: monastische Niederlassung, angeblich im Jahr 485 vom heiligen Guénolé gegründet. Die Ruinen stammen aus dem 11. und 12. Jahrhundert. Angeschlossen ist ein kleines archäologisches Museum; Ancienne Abbaye, 29560 Landévennec, Tel. +33 2 98 27 35 90, *www.musee-abbaye-landevennec.fr*
- Kirche Saint-Pierre im Ort Crozon: Für Freunde alter Kunst interessant ist der Altar der 10.000 Märtyrer in der Pfarrkirche, ein außergewöhnliches Ensemble geschnitzter Flachreliefs von etwa 1600.
- Breiz Odyssée: brandneues, nach modernsten museumspädagogischen Aspekten gestaltetes Museum zur bretonischen Geschichte: Place de la Mairie, 29560 Landevennec, Tel. +33 2 98 23 63 05

Strände: Auf der West- und der Südseite befinden sich eine Reihe von schönen Sandstränden. Am beliebtesten und belebtesten ist der Strand von Morgat auf der windabgewandten Seite der Halbinsel.

Touristeninformationen:

- 1 Boulevard de Pralognan, 29160 Crozon, Tel. +33 2 98 27 07 92
- 1A Rue des Quatre Vents, 29570 Camaret-sur-mer, Tel. +33 2 98 27 93 60

Website: *crozon-tourisme.bzh*

33. Locronan: ein Dorf wie im Film

Verkehrsampeln, Strom- und Telefonmasten gibt es hier nicht. Roman Polanski ließ alle elektrischen Leitungen unter die Erde verlegen, bevor er die Außenaufnahmen für seinen Film Tess begann. Seither wurden über 30 Film- und Fernsehproduktionen in Locronan gedreht, einem Dorf, dessen Ortsbild heute noch die Atmosphäre vergangener Jahrhunderte ausstrahlt.

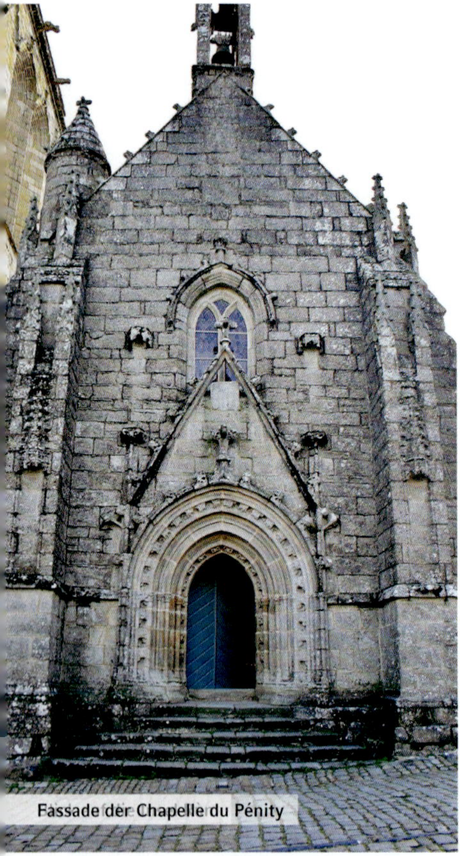

Fassade der Chapelle du Pénity

Im Mittelpunkt des Ortes steht die Kirche, die dem heiligen Ronan geweiht war. Der irische Eremit errichtete seine Klause mitten im Wald in der Nähe eines keltischen Heiligtums, das Mittelpunkt eines Fruchtbarkeitskultes war. Später wurde der Ort zum Ziel der nun alle sechs Jahre, das nächste Mal im Juli 2031 stattfindenden „Grande Troménie", der bedeutendsten Wallfahrt der Bretagne. Aber auch in den übrigen Jahren zieht am zweiten Sonntag im Juli eine Bußprozession durch die Felder zur Kirche des Heiligen.

Das heutige Bauwerk wurde um 1420 auf Veranlassung der bretonischen Herzöge begonnen, um der Wallfahrt einen würdigen Rahmen zu verleihen. Einige Jahrzehnte später wurde rechts neben Hauptschiff und Fassade die Chapelle du Pénity errichtet. Im Inneren befindet sich das steinerne Grabmal des heiligen Ronan, eine vorzügliche Arbeit im Stile der Zeit um 1400.

Im 15. Jahrhundert, an der Schwelle zur Neuzeit, war Locronan ein wohlhabender Ort. Es war der Mittelpunkt einer Region, in der schwere Segeltuche aus Hanf und Leinen gewebt wurden. Segeltuch aus Locronan rüstete die Flotten der damaligen Welt aus, die spanische Armada ebenso wie die Kriegs- und Handelsschiffe der englischen und französischen Könige oder holländischer Kaufleute. Die hohe Nachfrage nach bretonischem Segeltuch bestand bis in die Zeit um 1700. In dieser Zeit erhielt der Ort sein heutiges Gesicht: Es entstanden wohlhabende Bürgerhäuser aus Granit im einem ländlich geprägten Renaissancestil.

Renaissancebrunnen auf dem Kirchplatz

Die gute Stube des Ortes ist der Kirchplatz. In der Mitte steht ein Brunnen aus Granit, darum herum eine Reihe historischer Gebäude wie das Bureau des Toiles, Sitz des königlichen Inspektors für den Tuchhandel. Oder das Hôtel de la Compagnie des Indes aus dem Jahr 1689, der Niederlassung der in Lorient ansässigen Handelskompanie. Wer weiter durch die Gassen von Locronan bummelt, wird immer wieder auf reizvolle alte Häuser stoßen, deren Granitfassaden durch reichen Blumenschmuck und die in allen Farben blühenden Hortensien bunte Tupfer erhalten.

Alte Häuser mit Granitfassaden

Rathaus

So ist es kaum ein Wunder, das schon 1921 zum ersten Mal im Auftrag der Filmindustrie die drei Musketiere durch das bretonische Dorf stürmten. Spektakulär waren die Dreharbeiten zu „Tess" 1979, als Roman Polanski Locronan in ein englisches Dorf verwandelte. Philipp de Broca ließ zusätzliche Häuser in die Originalkulisse einbauen, als er 1988 „Chouans!" drehte, einen Film über einen Aufstand der Bretonen zur Zeit der Französischen Revolution. Seither ist die Nachfrage nach authentischen Drehorten für Film, Fernsehen und Streamingdienste nicht geringer geworden. Filmteams gehören in Locronan zum gewohnten Bild.

Kirche Saint-Ronan

Segelboote im Hafen von Douarnenez

INFO

Lage: Locronan liegt im Westen der Bretagne 17 Kilometer nordwestlich von Quimper.

Aktivitäten:

- Douarnenez: Ein Ausflug nach Locronan lässt sich gut mit einem Abstecher nach Douarnenez verbinden, der zehn Kilometer westlich liegenden Hafenstadt, über die die Segeltuche aus Locronan in früheren Jahrhunderten in andere Länder verschifft wurden. Später wurde die Stadt mit zwei Hafenbuchten ein wichtiger Fischereihafen, der sich auf den Sardinenfang spezialisiert hat. Trotz dessen Niedergangs haben sich einige Konservenfabriken bis heute halten können. Nähere Informationen beim Office de Tourisme, 18 Rue Anatole France, 29100 Douarnenez, Tel. +33 2 98 92 13 35, *douarnenez-tourisme.de*

Touristeninformation: 15 Place de l'Église, 29180 Locronan, Tel. +33 2 98 91 70 14

Website: *locronan-tourisme.bzh*

34. Insel Sein: mitten im Wind

Kein Baum spendet Schatten auf der Insel Sein, wenige Kilometer vor der Westküste der Bretagne. Der Wind scheint die Oberfläche des flachen Eilands glattpoliert zu haben. Auch wenn die Insel nicht groß ist, lediglich zwei Kilometer lang und nur wenige 100 Meter breit, so lohnt sie dank ihrer unverwechselbaren Atmosphäre doch einen Besuch.

Schon die Überfahrt vom bretonischen Festland ist ein Erlebnis. Der Fährhafen Saint-Evette liegt an der Südseite der Halbinsel Cap Sizun bei Audierne. Auf der rechten Seite gleitet eine scheinbar endlose Folge von steilen Klippen vorbei, dann die Pointe de Raz, bevor das Fährschiff den Raz queren muss, eine für ihre gewaltigen Strömungen berüchtigte Meeresstraße vor der bretonischen Küste. Etwa acht Kilometer sind es, bevor die zerklüftete Insel Sein erreicht wird.

Am Hafen der Insel Sein

Am Hafen werden die Passagiere von einem kleinen Leuchtturm begrüßt, dahinter beginnen die Reihen der geduckten Häuser des Inselstädtchens, weiß oder in fröhlichen bunten Farben bemalt. Die Gassen sind verwinkelt, gewunden und eng, um dem Wind seine Kraft zu nehmen, der vor allem im Winter mit großer Wucht über die Insel fegt. Treffen Flut und Sturm zusammen, dann sind viele Teile von Sein überschwemmt. Denn das Land hebt sich im Durchschnitt gerade einmal eineinhalb Meter über den Meeresspiegel und der höchste Felsen bringt es auf erstaunliche neun Meter!

Ein Leuchtturm schützt die Hafeneinfahrt.

Erstaunlicherweise ist die Insel seit prähistorischen Zeiten bewohnt. Ein Dolmen und zwei Menhire, die vor der Kirche stehen, zeugen davon. Nach den Angaben des Geografen Pomponius Mela befand sich in römischen Zeiten ein keltisches Orakelheiligtum auf der Insel. Felsig und karg entzieht sich Sein einer landwirtschaftlichen Nutzung. Seit jeher waren Fischfang und Seefahrt die Quelle für den Lebensunterhalt der Insulaner. Doch ist die kommerzielle Fischerei heute nahezu zum Erliegen gekommen. Nur noch 100 Menschen wohnen ganzjährig auf der Insel, im Sommer ein Vielfaches mehr.

Was tun auf Sein? Das Inselstädtchen lädt ein zum Flanieren. Die meisten Restaurants haben sich auf Fisch, Hummer, Langusten und andere Früchte des Meeres spezialisiert. Zum Leuchtturm am ande-

Fischerhäuser am alten Hafen

ren Ende der Insel sind es kaum eine halbe Stunde zu Fuß. Unterwegs grüßt rechter Hand auf einem Felsvorsprung ein Lothringerkreuz. Es erinnert an das Jahr 1940 – die Insel war noch nicht von den deutschen Truppen besetzt – als sich alle Männer im wehrfähigen Alter mit Fischkuttern nach England absetzten, um sich der Armee des Freien Frankreichs unter General de Gaulle anzuschließen. Als französischer Präsident ließ er es sich im Jahr 1960 nicht nehmen, das Denkmal persönlich einzuweihen.

Neben dem Leuchtturm duckt sich eine kleine Kapelle, dem heiligen Corentin geweiht. Sie steht an einer Stelle, an der eine Quelle Süßwasser spendete und damit ein Leben auf der Insel erst möglich machte. Von der Aussichtsplattform des Leuchtturms bietet sich ein grandioser Blick über die Insel und die Westküste der Bretagne. Und über die Strände von Sein, die sich zwischen den Felsen ausbreiten und bei gutem Wetter zum (Sonnen-)baden einladen.

INFO

Lage: Die Insel Sein liegt etwa acht Kilometer westlich der Pointe du Raz im Atlantik.

Überfahrt: Fähren von Sainte-Evette bei Audierne; *pennarbed.fr* oder *finist-mer.fr*

Aktivitäten:

- Musée Abri du Marin: Heimatmuseum der Insel Sein mit Ausstellung zum Seenotrettungswesen; Quai des Paimpolais, 29990 Île-de-Sein
- Phare du Goulenez: 51 Meter hoher Leuchtturm; Tel. +33 2 98 70 90 35

Unterkunft: Die Unterkunftsmöglichkeiten sind begrenzt. Auf der Insel befindet sich nur ein einfacheres kleines Hotel:

- Hotel d'Ar-Men: mit Restaurant; 32 Rue Fernand Crouton, 29990 Ile de Sein, Tel. +33 2 98 70 90 77, *hotel-armen.net*

Touristeninformation: Es gibt kein Fremdenverkehrsbüro. Auskünfte im Rathaus: Mairie de l'Île de Sein, 5 Rue Saint-Guénolé, 29990 Île-de-Sein, Tel. +33 2 98 70 90 35

Website: *mairieiledesein.com*

35. Le Guilvinec: die Heimkehr der Fischer

Am späten Nachmittag passieren die in bunten Farben gestrichenen Fischkutter den Leuchtturm von Le Guilvinec, um an der Kaimauer ihren Fang auszuladen. Gleich nach dem Festmachen werden aus den Bäuchen der Boote Kisten voller Delikatessen entladen: Kaisergranate und Krebse ebenso wie Seeteufel, Petersfische, Steinbutt, Seezungen, Rochen und andere begehrte Früchte des Meeres.

Fischerboote im Hafen von Guilvinec

Direkt vom Kai werden die Kisten mit der teuren Ware in die Auktionshalle gleich nebenan in der allabendlichen Fischauktion versteigert und schon am nächsten Morgen erreichen sie den Pariser Großmarkt. Frischer kann der Fisch nicht sein. Le Guilvinec ist der drittgrößte Fischereihafen Frankreichs und der größte für den sogenannten handwerklichen Fischfang mit kleinen Kuttern, die in der Regel den Kapitänen selbst gehören. Um die 400 Fischer und Seeleute finden auf den Schiffen Arbeit.

Der Fang des Tages wir ausgeladen.

Ein Viertel der Flotte von etwa 100 Fischerbooten ist auf den Hochseefang spezialisiert, der die Masse der Erträge erwirtschaftet. Die Reisen dauern bis zu zwei Wochen und führen aus den französischen Hoheitsgewässern hinaus, oft vor die Küsten Irlands und Großbritanniens. Daneben gibt es den Küstenfischfang innerhalb der Zwölf-Meilen-Zone und Tagesfischer, die nur in der näheren Umgebung ihre Netze und Leinen auswerfen.

Im Jahr 2024 haben die Fischer in Le Guilvinec 10.200 Tonnen Fisch im Wert von etwa 48 Millionen Euro angelandet. Die Zahlen waren schon deutlich höher. Doch setzt der Brexit den Fischern schwer zu, denn viele der traditionellen Fischgründe befinden sich in britischen Gewässern. Und die Lizenzen sind immer schwieriger zu bekommen. Unter wirtschaftlichen Gesichtspunkten hat die Fischerei in Frankreich nur eine geringe Bedeutung. Aber da in unserem Nachbarland alles Kulinarische einen hohen Stellenwert besitzt, bewegt das Schicksal und das Wohlergehen der Fischer die Nation. Und so zögert der Präsident Macron im Konfliktfall nicht, auch schon einmal Kriegsschiffe auffahren zu lassen, um die Interessen der bretonischen Fischer zu schützen.

Empfehlenswert ist eine Führung mit Besuch der Fischversteigerung, die an Werktagen jeden Nachmittag stattfindet. Sie beginnt

Blick von der Auktionshalle über den Hafen

auf der Aussichtsterrasse, von der sich die Einfahrt der Fischerboote und das Ausladen des Fangs aus wenigen Metern Entfernung beobachten lässt. In der Versteigerungshalle lässt sich dann verfolgen, wie Fisch und Meeresfrüchte in einem für den Laien kaum zu enträtselnden Verfahren blitzschnell ihre Käufer finden. Eine Ausstellung über das Leben an Bord eines Fischkutters und den Weg des Fisches aus dem Meer auf den Teller ergänzt die Eindrücke. Und im Ort warten schon die Restaurants.

INFO

Lage: Le Guilvinec liegt weit im Südwesten der Bretagne, gut 30 Kilometer von Quimper entfernt.

Aktivitäten:

- Haliotika Cité de la Pêche: Besucherterrasse und Ausstellungsräume an der Auktionshalle von Guilvinec; die meisten Fischerboote kehren zwischen 16 und 17 Uhr zum Hafen zurück und können beim Ausladen beobachtet werden; Führungen durch die Auktionshalle; Le Port, 29730 Le Guilvinec, Tel. +33 2 98 58 28 38, *haliotika.com*

In der Landschaft Bigouden, dem äußersten Südwesten der Bretagne, gibt es einige lohnende Ausflugsziele, z. B.

- Phare d'Eckmühl: Der Leuchtturm von 1897 an der Südwestspitze der Bretagne ist mit 65 Meter einer der höchsten Frankreichs, 307 Stufen zur Aussichtsplattform; Place du Maréchal Davou, 29760 Penmarc'h, Tel +33 6 07 21 37 34
- Notre-Dame de Tronoën: Der Kalvarienberg vor der einsam gelegenen Kirche ist der älteste der Bretagne, teilweise mit deutlichen Spuren der Verwitterung; 198B Rue de Tronoën, 29120 Saint-Jean-Trolimon

Strände:

- Westlich von Le Guilvinec einige kleinere Strandbuchten und der familienfreundliche Plage du Ster
- Zwischen Penhors und Penmarc'h: Der endlos scheinende Sandstrand ist wegen Wind und Brandung nur eingeschränkt zum Baden geeignet, jedoch für Surfer und Wanderer höchst attraktiv.

Fischrestaurants: An Restaurants mangelt es nicht. Auf Fisch und Meeresfrüchte spezialisiert sind:

- Le Poisson d'Avril: mit Zimmern; 19 Rue de Men Meur, 29730 Guilvinec, Tel. +33 2 98 58 23 83, *lepoissondavril.fr*
- An Atoll: einfacheres Restaurant mit Terrasse; 4 Quartier de Men Meur, 29730 Guilvinec, Tel. +33 2 98 58 18 73

Touristeninformation: Place de la Petite Sole, Rue de Men Crenn, 29730 Guilvinec, Tel. +33 2 98 82 37 99

Website: *destination-paysbigouden.com*

36. Îles de Glénan: Die Karibik der Bretagne

Die Kokospalmen fehlen, sonst wäre die subtropische Idylle perfekt. Leuchtendweiße Strände, türkisblaues Wasser – die Inseln des Archipels von Glénan vor der Südküste entführen in eine andere Welt. In eine Welt unbeschwerter Stunden am Meer, denn ein Abstecher zu den Inseln lässt sich nur im Sommer als Tagesausflug buchen.

Eine Stunde braucht das Boot von Bénodet, dem traditionellen Seebad an der Mündung des Flusses Odet ans Meer. Ziel ist die Gruppe der Glénan-Inseln, etwa zehn Seemeilen vor der Südküste. Neun Inseln gehören zum Archipel, dazu noch eine größere Zahl von Mini-Inseln und aus dem Wasser ragende Felsen. Keine der Inseln ist dauerhaft bewohnt. Die Boote verkehren nur im Sommer, im Winter hat die Natur freies Spiel.

Jahrhundertelang waren sie nur eine kurze Zwischenstation für Schutz suchende Fischer. 1947 wurde die Segelschule gegründet, die bis heute einen hervorragenden Ruf besitzt. Sie steht am Beginn einer bescheidenen touristischen Entwicklung. Doch außer in ein paar privaten Sommerhäusern kann niemand auf der Insel übernachten, es gibt auf kein natürliches Trinkwasser, keine Kanalisation und Strom nur von einem Windrad.

Die Fähren landen auf der Insel Saint-Nicolas, der Hauptinsel, gerade einmal 14 Hektar groß. Es gibt zwei Restaurants, eine Tauchschule und das kleinste Naturreservat Frankreichs – nur eineinhalb Hektar groß. Es wurde 1974 zum Schutz der Glénan-Narzisse geschaffen, die nur auf Saint-Nicolas und einigen anderen Inseln des Archipels vorkommt. Immerhin ist es gelungen, den Bestand von wenigen hundert Exemplaren auf mehr als 250.000 Narzissen anwachsen zu lassen. Der Besuch lohnt vor allem zur Zeit der Blüte von April bis Anfang Juni, wenn das Reservat von einem wunderbaren Blütenteppich überzogen ist.

Der Stolz der Glénan-Inseln sind aber die fantastischen Sandstrände mit ihrem feinkörnigen weißen Sand und dem glasklaren

Wasser. Auf Saint-Nicolas gibt es zwei davon: den Hauptstrand auf der Nordseite der Insel und einen kleineren im Südosten. Dieser hat es in sich: Bei Ebbe gibt das Meer einen breiten verlockenden Sandstrand frei, der sich bis hinüber zur Schwesterinsel Bananec hinüberzieht. Ideal für einen Badetag in karibischem Ambiente. Doch Vorsicht! Es gibt wenig Schatten und die Sonne zeigt sich häufig von ihrer besten Seite.

Nur wenige Häuser finden sich auf den einsamen Glénan-Inseln.

Die übrigen Inseln sind nicht mit öffentlichen Booten zugänglich. Die Fährgesellschaft bietet jedoch die Möglichkeit einer einstündigen Mini-Kreuzfahrt, die den Passagieren auch die anderen Inseln zeigt: Penfret mit seinem Leuchtturm, die Île Cigogne mit Befesti-

Blick über den Strand zum Fort Cigogne

gungen aus dem 18. Jahrhundert, die Île de Loc'h, mit 59 Hektar die größte der Inseln, die sich im Privatbesitz des bretonischen Oligarchen Vincent Bolloré befindet. In regelmäßigen Abständen kommt es zu Konflikten mit Seglern, die sich am Strand niederlassen. Denn wie in ganz Frankreich sind die Strände auch hier öffentlich ... und verführerisch!

INFO

Lage: Die Glénan-Inseln sind der bretonischen Südküste vorgelagert und liegen etwa zehn Seemeilen südlich der Hafenstadt Concarneau.

Überfahrt: Die Inseln werden in der Regel im Rahmen von organisierten Ausflugsfahrten besucht und sind nur von Ostern bis Mitte September erreichbar.

- Vedettes de l'Odet: Abfahrten von Bénodet und Concarneau, im Juli und August auch von Loctudy, Beg-Meil und Port-la-Forêt, Führungen im Naturreservat, Kreuzfahrten im Archipel, Touren mit Kajaks oder einem Glasbodenboot; Vedettes de l'Odet, 2 Avenue de l'Odet, 29950 Bénodet, Tel. +33 2 98 57 00 58, *vedettes-odet.com*

Aktivitäten:

- Tauchkurse: Die Tauchschule CIP auf der Insel Saint-Nicolas bietet neben mehrtägigen Tauchkursen auch Halbtagesausflüge mit einem Tauchgang für Anfänger an; Tel. +33 6 84 46 84 82, *cip-glenan.fr*
- Segelkurse: Auf mehreren Inseln unterhält die größte französische Segelschule Glenans Stationen, in denen in der Regel einwöchige Segelkurse angeboten werden; *glenans.asso.fr*

Unterkünfte: Auf den Glénan-Inseln sind keine Übernachtungen möglich.

Touristeninformation: 4 Espace Kerneveleck, 29170 Fouesnant, Tel. +33 2 98 51 18 88

Websites:

- *tourisme-fouesnant.fr*
- *glenan.net*

37. Concarneau: die Stadt der Kommissare

Concarneau hat einen Ruf als Metropole des Verbrechens und Heimat findiger Kommissare. Natürlich nur im Kriminalroman. In der Realität verbirgt sich hinter dem Namen eine lebendige Hafenstadt mit einer mittelalterlichen Inselfestung, der „Ville Close".

Zunächst war es der Belgier Georges Simenon, der sich im Winter 1930/31 einige Monate lang in einer Villa am Strand einmietete, um Ruhe zu finden und eine Reihe begonnener Romane abzuschließen. Man munkelt, sein Tagespensum seien einhundert Seiten. Und

Blick von der Ville Close über den Marktplatz

trotzdem fand er noch Zeit, mit seinem Hund am Strand und durch die Gassen zu flanieren, im Café zu sitzen und sich für gleich zwei neue Romane der Kommissar-Maigret-Serie inspirieren zu lassen: Le Chien Bleu (auf Deutsch: Maigret und der gelbe Hund) und Les Demoiselles von Concarneau (Die bösen Schwestern von Concarneau).

Simenon traf auf das Ambiente einer Hafenstadt, die vor allem von der Fischerei geprägt ist. In den 1930er-Jahren zählte man 32 Konservenfabriken, von denen die wenigsten bis heute überlebt haben. Das historische Schmuckstück von Concarneau ist die befestigte Ville Close auf einer Insel in der Mündungsbucht des Flüsschens

Moros. Sie wurde im 7. Jahrhundert erbaut. Ihre heutigen Granitmauern erhielt sie im 15. und 16. Jahrhundert, in ihrer Gesamtlänge von 980 Metern noch nahezu unversehrt erhalten. Sie umspannen den Kern der Altstadt, der von der Rue Vauban durchschnitten wird. Mit ihren dichtgedrängten Häusern, viele davon noch aus dem 18. Jahrhundert, bildet sie ein malerisches Ensemble.

So ist es auch kein Wunder, dass das romantische Flair Concarneaus und seines Hafens in den Jahrzehnten um 1900 viele Maler anzog. Zeitweise gab es dort mehr Ateliers als Fischfabriken. Paul Signac, einer der bekanntesten Nachimpressionisten, schuf im Jahr 1891 in Concarneau fünf heute weltberühmte Gemälde, die zu den Meisterwerken des Pointilismus gezählt werden. Signac war freilich kein bekennender Bretagne-Fan, nur ein begeisterter Segler, der an einigen Regatten vor Concarneau teilnahm.

In jüngster Zeit, genauer seit dem Jahr 2012, erscheint dann der Kommissar Georges Dupin auf der Bildfläche. Der Autor Jean-Luc Bannalec lässt den Helden seiner Romane von Paris nach Concarneau strafversetzen und ihn in der Hafenstadt und ihrer Umgebung mysteriöse Fälle aufklären. Eine Stärke der Romane ist die eindringliche und dichte atmosphärische Beschreibung der Landschaft und ihrer Bewohner, ohne dabei kitschig und romantisch zu werden. Viele der Schauplätze sind eindeutig zu identifizieren. Nach einigen Jahren kam heraus, dass der Autor gar kein Franzose ist, sondern ein Deutscher, der unter einem Pseudonym schreibt: Jörg Bong, lange Jahre Leiter eines renommierten deutschen Buchverlags. Die Romane wurden alle ins Französische übersetzt, ein Zeichen hoher

Concarneau

Wertschätzung, und Bong wurde sogar zum Ehrenmitglied der Vereinigung bretonischer Kriminalautoren. Alle Werke wurden für das Fernsehen verfilmt – eine hervorragende Einstimmung auf einen Bretagneurlaub.

INFO

Lage: Concarneau liegt 23 Kilometer südöstlich von Quimper.

Aktivitäten:

- Maison du Patrimoine: Informationszentrum zur Geschichte von Concarneau am Eingang zur Ville Close; 2 Rue Vauban, 29900 Concarneau, Tel. +33 2 98 50 37 18
- Bac de la Passage: Die älteste und kürzeste Fähre Frankreichs führt von der Ville Close zum Ostufer der Hafenbucht – und bietet wunderbare Fotomotive
- Musée de la Pêche: Das Fischereimuseum innerhalb der Ville Close gibt einen guten Überblick über die Entwicklung dieses uralten Gewerbes; 3 Rue Vauban, 29900 Concarneau, Tel. +33 2 98 97 10 20, *musee-peche.fr*
- Marinarium: Edukatives Aquarium der Meeresbiologischen Forschungsstation, der ältesten Frankreichs; Place de la Croix, 29900 Concarneau, Tel. +33 2 98 50 81 64, *stationmarinedeconcarneau.fr*

Restaurant:

- L'Amiral: Lieblingsrestaurant und -bar des Kommissars Dupin gegenüber der Brücke zur Ville Close; 1 Avenue Pierre Guéguin, 29900 Concarneau, Tel +33 2 98 60 55 23, *restaurant-amiral.bzh*

Strände:

- Stadtstrand Plage des Sables Blancs: zwei Kilometer vom Zentrum in nordöstlicher Richtung
- Südlich von Concarneau zieht sich auf dem Areal der Gemeinde Trégunc eine kilometerlange Folge von Sandstränden bis zum Hafen von Trévignon.

Touristeninformation: Quai d'Aiguillou, 29900 Concarneau, Tel. +33 2 98 97 01 44

Website: *deconcarneauapontaven.com*

38. PONT-AVEN: UNTER DEN AUGEN DES GELBEN CHRISTUS

Ein verkrachter Börsenmakler erschien im Sommer 1886 in Pont-Aven, weil er gehört hatte, man könne hier für wenig Geld leben. Er hatte Frau und fünf Kinder in Dänemark zurückgelassen und suchte noch nach seinem Weg als Maler. Hier im Süden der Bretagne schuf er etliche Werke, die – zunächst noch verkannt – zu seinem späteren Weltruhm beitragen sollten. Sein Name: Paul Gauguin.

Der Ort am Fluss Aven, einige Kilometer von der Küste entfernt, war in Künstlerkreisen nicht unbekannt. Schon vor 1880 hatten sich hier Maler aus allen Ländern Europas und aus Nordamerika regelmäßig eingefunden. Die Bretagne galt als rückständig und exotisch; das als authentisch empfundene Leben der Menschen, das Meer, die Klippen und die Strände faszinierten die Künstler. Ein wenig wollten sie auch der realen Welt und ihren Herausforderungen entfliehen. Und: Das Leben war billig. Als zentraler Treffpunkt galt die Pension Gloanec gleich neben der Brücke über den Aven, die heute noch steht.

Pension Gloanec, Herberge der Maler

Gauguin stand schnell im Mittelpunkt eines bunten Völkchens von Künstlern und Bohemiens. Man malte und trank zusammen – und diskutierte. Denn alle wollten die gängigen Pfade der etablierten Salonmalerei und auch der Impressionisten verlassen. Gauguin verachtete die didaktische und realistische Malerei. Vor allem die Begegnung mit dem jungen Émile Bernard war ihm sehr wichtig. Aus diesem ständigen Austausch mit anderen Malern heraus entstand die sogenannte Schule von Pont-Aven. Sie ließ den Impressionismus hinter sich und gilt als wichtiger Schritt in Richtung auf die moderne Malerei. Ihre Werke sind im Museum von Pont-Aven gut dokumentiert.

Mit seinen geduckten granitgrauen Häusern, die sich auf beiden Seiten des Flusses Aven den Hang hinaufziehen, wirkt Pont-Aven ein wenig aus der Zeit gefallen. Viele der Stellen, die die Maler vor mehr als einem Jahrhundert auf ihre Leinwände gebannt haben, sind noch deutlich erkennbar. So zum Beispiel die Mühlen, die man auf einem Spaziergang den Fluss entlang entdeckt. Lohnend ist auch der Spaziergang zum Bois d'Amour, dem Wald der Liebe, und zur alten, versteckten Kapelle von Trémalo. Hier hängt es ganz unscheinbar an der Seitenwand, das hölzerne Kruzifix, das in Gelb und anderen leuchtenden Farben gemalt mehrere Bilder Gauguins beherrscht. Auf Schautafeln in der Kapelle werden einige der Schlüsselwerke des Malers erläutert.

Kapelle von Trémalo

1889 hielt es Gauguin in Pont-Aven nicht mehr aus und begab sich nach Le Pouldu, einem kleinen Ort am Meer, etwa 20 Kilometer entfernt. Er fand Unterschlupf in der Buvette de la Plage der lebenslustigen Marie Henry. Zusammen mit ein paar Malerfreunden gestaltete er im folgenden Winter die Wände, Türen und Glasfensters des Speisesaals der Pension ihrer Gönnerin. In einem kleinen Museum in La Pouldu ist dieser Raum originalgetreu rekonstruiert und vermittelt ein Bild von der Atmosphäre jener Zeit.

1894 kehrte Gauguin ein letztes Mal in die Bretagne zurück, bevor er ein Schiff in die Südsee bestieg, wo sich sein Talent endgültig entfaltete und er im Jahr 1903 sein Leben beschloss.

Küste bei Le Pouldu

INFO

Lage: Pont-Aven liegt im Südwesten der Bretagne 35 Kilometer südöstlich von Quimper.

Aktivitäten:

- Musée de Pont-Aven: Gemäldesammlung, die einen guten Überblick über die Schule von Pont-Aven vermittelt; Place Julia, 29930 Pont-Aven, Tel. +33 2 98 06 14 43, *museepontaven.fr*
- Chapelle de Trémalo: Trémalo, 29930 Pont-Aven
- Maison-Musee du Pouldu: 10 Rue des Grands Sables, 29390 Clohars-Carnoët. Tel. +33 2 98 39 98 51, *gauguinatelierdupouldu.fr*. Ein Rundweg durch Le Pouldu führt zu einigen der Orte, an denen bedeutende Gemälde Gauguins und seiner Gefährten entstanden sind.
- Musée des Beaux-Arts de Quimper: Für alle, die sich näher mit der bretonischen Malerei beschäftigen wollen, zu empfehlen; 40 Place Saint-Corentin, 29000 Quimper, Tel. +33 2 98 95 45 20, *mbaq.fr*
- Bélon: Die Bucht von Bélon liegt malerisch etwa sieben Kilometer südöstlich von Pont-Aven. Bei Feinschmeckern hat der Ort wegen seiner Austernzucht Weltruf. Schon 150 Jahre alt ist der Zuchtbetrieb Les Huitrières du Château de Bélon; Port de Bélon, 29340 Riec sur Bélon, Tel. +33 2 98 06 90 58, *belon.bzh*

Strände: Viele schöne Strände an der Südküste, darunter

- Plage de Raguenez in Névez: zehn Kilometer südlich von Pont-Aven, auch Tahiti genannt; anders als man in der Gegend vermuten könnte, hat dieser Name nichts mit Gauguin und seinen Polynesienreisen zu tun.

Touristeninformationen:

- 3 Rue des Meunières, 29930 Pont-Aven, Tel. +33 2 98 06 87 90
- Place de l'Océan, 29360 Clohars-Carnoët (Le Pouldu), Tel. +33 2 98 39 67 28

Websites:

- *deconcarneauapontaven.com*
- *quimperle-terreoceane.com*

Die Südküste und der Golf von Morbihan

Strand bei Gavres

Die Südküste und der Golf von Morbihan

39. Le Faouët: sakrale Kunst im Reich des Königs Morvan
40. Lorient: das Tor zur Welt
41. Port-Louis: der Traum von Indien
42. Pontivy: Kunst in den Kapellen
43. Kerguéhennec: Kunst im Schloss
44. Golf von Morbihan: Île aux Moines und Île d'Arz
45. Gavrinis: Bootsfahrt in die Steinzeit
46. Halbinsel Rhuys: Spuren des Mittelalters

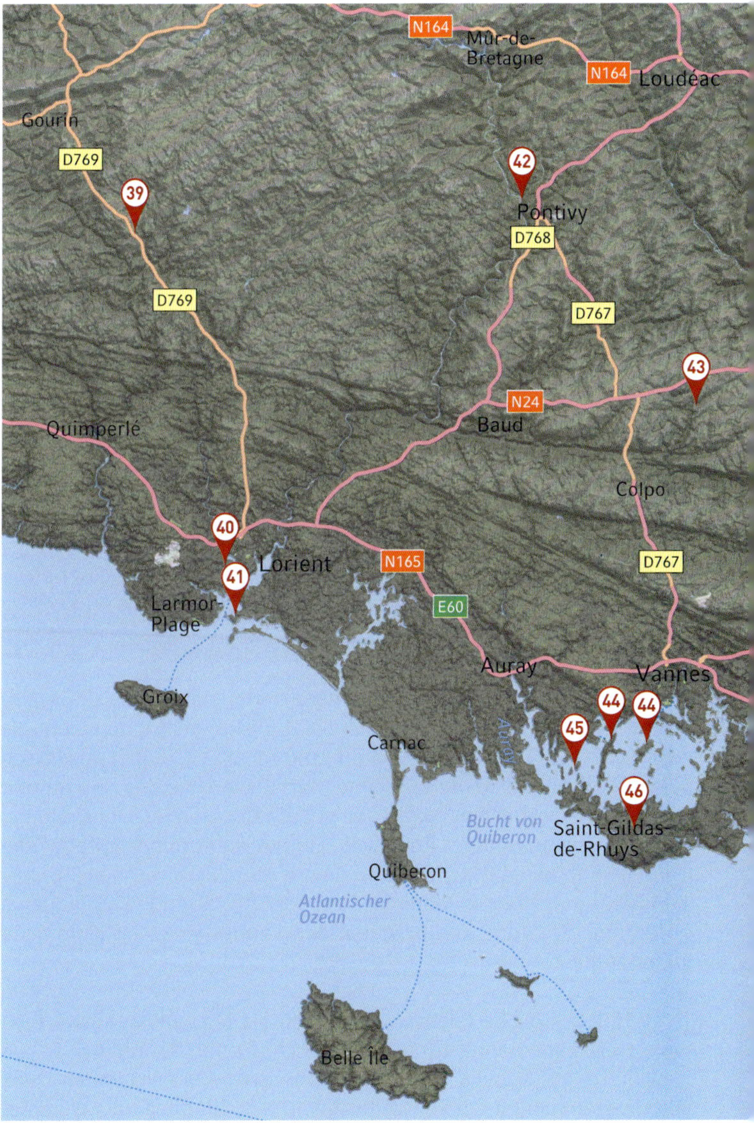
N164
Mûr-de-Bretagne
N164
Loudéac
Gourin
D769
39
42
Pontivy
D768
D769
D767
43
N24
Baud
Quimperlé
Colpo
40
Lorient
N165
D767
41
Larmor-Plage
E60
Auray
Vannes
Groix
44
44
45
Carnac
Auray
46
Bucht von Quiberon
Saint-Gildas-de-Rhuys
Quiberon
Atlantischer Ozean
Belle Île

39. Le Faouët: sakrale Kunst im Reich des Königs Morvan

Dem sagenhaften König Morvan gelang es als erstem, die zerstrittenen bretonischen Fürsten im Kampf gegen die Franken unter Ludwig dem Frommen zu vereinen. Auf seinem Territorium befindet sich heute eine bemerkenswerte Ansammlung sakraler Denkmäler des späten Mittelalters.

Markthalle in Le Faouët

Dort wo Morvan einst seine Residenz hatte, steht heute die Kleinstadt Le Faouët, mit nicht einmal 3000 Einwohnern kaum mehr als ein größeres Dorf. 1542 ließen die Herren von Le Faouët im Herzen des Ortes die bis heute erhaltene Markthalle errichten, ein an den Seiten offenes Fachwerkgebäude mit eindrucksvollen Dimensionen und einem gewaltigen Reetdach. Sie bot nicht nur Schutz für die wöchentlichen Märkte, sondern diente auch als Messehalle: Bis zu 14 Messen im Jahr fanden hier statt, lockten reisende Kaufleute ins Herz der Bretagne und brachten den Landesherren willkommene Einnahmen.

Die Herren von Le Faouët waren auch als Mäzene verantwortlich für zwei bedeutende Kirchenbauwerke an der Peripherie. Da ist zunächst die Kapelle Saint-Fiacre aus dem 15. Jahrhundert zwei Kilometer südlich des Ortszentrums. Die fensterlose und asymmetrische Fassade wirkt mit ihren Türmchen und Pfeilern sehr urwüchsig; die Pracht der Kapelle entfaltet sich erst im Inneren. Punkstück ist der holzgeschnitzte Lettner, der den Chor vom Kirchenschiff trennt. Das Konzil von Trient beschloss Mitte des 16. Jahrhunderts, die Lettner aus den Kirchen zu entfernen, doch konnten sich die Bretonen vielfach nicht von diesen prunkvollen Trennwänden trennen. Die farbig gefassten Schnitzereien erzählen Geschichten aus der Bibel und dem Leben der Heiligen, die den seinerzeitigen Kirchenbesuchern, dem Aberglauben selten abgeneigt, sehr präsent waren.

Fassade der Kapelle Saint-Fiacre

Ganz anders die Kapelle Sainte-Barbe, die sich an einem Hang über dem Flüsschen Ellé versteckt. Sie verdankt ihre Existenz dem Gelübde eines Ritters, der sich dieser Stelle vor einem Gewitter

Barocke Treppenanlage an der Kapelle Sainte-Barbe

retten konnte. Die Kapelle, 1489 begonnen, ist ein Musterbeispiel der Flamboyant-Gotik, der letzten Phase des gotischen Baustils, die ihren Namen von den flammenförmigen Ornamenten im Maßwerk der Fenster bekommen hat. In der Bretagne blieb dieser Stil noch bis ins 16. und 17. Jahrhundert lebendig. Komplettiert wurde die Anlage um 1700, als neben der alten Kapelle eine weitere für den Erzengel Michael gebaut wurde. Verbunden wurden die Kirchenbauten durch eine von Balustraden gesäumte Treppenanlage, die dem Ensemble eine ungewohnte Eleganz verleiht.

Ein Besuch der Kapellen von Le Faouët lässt sich bequem verbinden mit einem Abstecher zur Kapelle von Kernascléden. Die ebenfalls spätgotische Kirche ist vor allem wegen ihrer erhaltenen Fresken äußerst sehenswert. Die Bilder in den Deckengewölben des Chors

Kernascléden, Fresken in den Deckengewölben

zeigen Szenen aus dem Leben Marias, in den darunterliegenden Bogenfeldern der Wände Ereignisse aus dem Leben Christi. Bemerkenswert sind die Reste der Fresken im rechten Querschiff, die mit Szenen eines Totentanzes und der Höllenqualen zu einem gottgefälligen Leben anhalten sollen.

INFO

Lage: Le Faouët liegt im Inneren der Bretagne 40 Kilometer nördlich von Lorient.

Kapellen:

- Chapelle Saint-Fiacre: zwei Kilometer südlich im gleichnamigen Weiler an der D790 in Richtung Lorient
- Chapelle Sainte-Barbe: Die Kapelle liegt nordöstlich des Ortszentrums
- Kirche Notre-Dame de Kernascléden: Kernascléden liegt 15 Kilometer westlich von Le Faouët

Aktivitäten:

- Musée du Faouët: In Le Faouët bildete sich Ende des 19. Jahrhundert eine Kolonie von Malern, die in diesem abseitigen Landstrich das Authentische suchten. Viele ihrer Bilder sind heute im örtlichen Museum zu sehen; 1A Rue de Quimper, 56320 Le Faouët, Tel. +33 2 97 23 15 27, *museedufaouet.fr*
- Église de la Trinité in Calan: lohnender Stopp für Kunstfreunde auf halbem Weg vom Lorient nach Le Faouët. Die Kirche gilt als älteste erhaltene im Département Morbihan und weist noch zahlreiche romanische Spuren auf.
- Maison de la Chauve-Souris: Wer sich neben sakraler Kunst auch für die Natur interessiert, der findet in Kernascléden gleich gegenüber der Kirche ein Fledermaus-Museum, möglicherweise das einzige der Welt; 1 Place de l'Église, 56540 Kernascléden, Tel. +33 2 97 28 26 31; *maisondelachauvesouris.com*

Touristeninformation: 3 Rue des Cendres, 56320 Le Faouët, Tel. +33 2 97 23 23 23

Website: *tourismepaysroimorvan.com*

40. Lorient: das Tor zur Welt

War Éric Tabarly ein glücklicher Mann? Er segelte mit Brigitte Bardot und Alain Delon und dinierte an der Seite von Romy Schneider. Sein Glück fand er jedoch als Einhandsegler in der Weite der Ozeane. Die Basis seiner rekordträchtigen Segeltörns war Lorient.

Die Geschichte dieser Stadt ist unlösbar mit der ihres Hafens verwoben. Der Mündungstichter der Flüsse Blavet, Scorff und Ter ist der einzige sichere Naturhafen an der bretonischen Südküste zwischen der Loiremündung und Brest. Eine erste Ansiedlung entsteht im Jahr 1666, als die Französischen Ostindienkompanie Land für den Bau ihrer Schiffe erwirbt. Einige Jahre später wird auch der Sitz der Gesellschaft hierher verlegt. Die entstehende Stadt erhält den Namen L'Orient – der Orient.

Hochleistungs-Segelboot in Lorient

Den Kaufleuten folgte die Marine, die hier 1690 eine bedeutende Werft errichtet hatte. Auch nach dem Untergang der Ostindienkompanie und der Französischen Revolution blieb Lorient ein bedeutender Marinestützpunkt. Ab 1940 baut das Hitlerregime auf der Halbinsel Keroman gewaltige U-Boot-Bunker für den Seekrieg auf dem Atlantik. Nach Kriegsende übernahm die französische Marine den Standort und gab ihn erst in den 1990er-Jahren auf.

Éric Tabarly, 1931 in Nantes geboren, war Marineoffizier und Pilot. Er baute die Segeljacht seines Vaters, die Pen Duick, zu einem Rennboot um, entwarf weitere Jachten. 1964 gewann er die Transatlantik-Regatta OSTAR von Plymouth nach Newport – mit drei Tagen Vorsprung vor der britischen Seglerlegende Sir Francis Chichester. Fortan galt er als Nationalheld und wurde zum Ritter der Ehrenlegion geschlagen. Er gewann weitere Hochseeregatten, stieß zum Jetset der 1960er- und 1970er-Jahre. 1980 überquerte er mit einem Trimaran als Alleinsegler den Atlantik in der Rekordzeit von zehn Tagen, fünf Stunden und 14 Minuten. Bis ins Alter nahm er an Hochseeregatten teil, bevor er 1998 in der Irischen See in einer dunklen Nacht über Bord gespült wurde und starb.

In Lorient hatte er seine Basis. Seit die Weltkriegsbunker nicht mehr für ihre martialischen Zwecke gebraucht wurden, nahmen nach und nach Jachtbau-Firmen die Hallen in Besitz. Vor der düsteren Kulisse der Betongiganten ankern bis zu 100 Rennjachten, um für den nächsten Wettbewerb ausgerüstet und vorbereitet zu werden. Hier lassen sich auch die riesigen Trimarane bestaunen,

Ehemalige U-Boot-Bunker auf der Halbinsel Keroman

die heute die großen Hochseeregatten beherrschen. Die Formel-1-Renner der Meere sind Hightech-Schöpfungen und mit ihren aerodynamisch geformten Holmen kaum noch als Segelboote erkennbar. Nur mit ausgefeilter Elektronik können sie gesteuert werden und erreichen Geschwindigkeiten bis zu 50 Knoten pro Stunde. Etliche der Boote haben die Vendée Globe hinter sich, die härteste Einhandregatta der Welt, die in etwa 80 Tagen rund um den Globus führt.

Gleich neben dem Hafen steht ein 2008 eröffnetes interaktives Museum, die Cité de la Voile Éric Tabarly. Hier kann der Besucher

Blick über den Sportboothafen

an verschiedenen Simulatoren die Strapazen und Herausforderungen des Hochseesegelns nacherleben. Im Museumshafen vor dem Gebäude liegen einige der allesamt „Pen Duick" getauften Rennboote Éric Tabarlys. Traumschiffe für die Weite der Ozeane.

INFO

Lage: Lorient liegt an der Südküste der Bretagne zwischen den Städten Vannes und Quimper. Keroman mit dem Fischereihafen, den alten Bunkeranlagen und dem Jachthafen befindet sich im Süden der Stadt

Aktivitäten:

- Cité de la Voile Éric Tabarly: Lorient La Base, Rue Roland Morillot, 56100 Lorient; Tel. +33 2 97 65 56 56, *citevoile-tabarly.com*
- Weltkriegsbunker: Besichtigung der Bunkeranlagen, des U-Boot-Museums und des U-Boots Flore; *la-flore.fr*
- Lorient vom Wasser: Empfehlenswert ist eine Fahrt mit dem Batobus nach Locmiquélic oder Port-Louis; *izilo.bzh*
- Île de Groix: Zu Anfang des 20. Jahrhunderts größter französischer Hafen für den Thunfischfang, ist die Insel heute eine stille Idylle. 30 Kilometer Wanderwege und 40 Kilometer Radwanderwege sind ausgeschildert. Fährüberfahrten vom Gare Maritime, Rue Gilles Gahinet, 56100 Lorient, *compagnie-oceane.fr*

Strände:

- Sechs Kilometer vom Zentrum auf der südlichen Seite des Ter befinden sich der Badeort Larmor-Plage mit den Stränden Plage de Toulhars und Plage de Kerguélen.
- Vermutlich der schönste Strand der Region ist der Plage des Grands Sables auf der Insel Groix (s. o.) mit fast schon karibischem Ambiente.

Touristeninformation: 11 Quai de Rohan, 56100 Lorient, Tel. +33 2 97 84 78 00

Websites:

- *visit-lorient-bretagne.de*
- *lorientbretagnesudtourisme.fr*

41. Port-Louis: der Traum von Indien

Ein mächtiges Festungsbauwerk bewacht seit 400 Jahren die Einfahrt zur Mündungsbucht des Flusses Blavet und seiner Nebenflüsse. Zur Zeit Ludwigs XIV. befand sich hier der Haupthafen der Französischen Ostindienkompanie. Hinter den Wehrmauern verbirgt sich ein charmantes Städtchen, über das der Sturm moderner Zeiten hinweggefegt zu sein scheint.

Bereits seit der Antike ist die heutige Bucht von Lorient ein wichtiger Ankerplatz für Handels- und Kriegsschiffe aller Art. Im Jahr 1618 erkannte der französische König Ludwig XIII. ihre strategische Bedeutung und ließ an der Landzunge, die in die Einfahrt hineinragt, eine Zitadelle bauen. In aller Bescheidenheit taufte er den Ort auf seinen Namen: Port-Louis.

Eingang zur Festung von Port-Louis

1664 gründete Jean-Baptiste Colbert, Wirtschaftsminister Ludwigs XIV., die Französische Ostindienkompanie und verlieh ihr das Monopol für den Handel mit allen Ländern jenseits des Kaps der Guten Hoffnung. Seine Absicht war es, die Staatskasse aufzufüllen und wirtschaftlich zu England und den Niederlanden aufzuschließen. Beides sollte nicht gelingen. Dennoch sollte man die Bedeutung der Kompanie nicht unterschätzen. Auch wenn Frankreich niemals nennenswert in den lukrativen Gewürzhandel einsteigen konnte, so etablierte die Kompanie Handelsniederlassungen in Indien und im Indischen Ozean. Erst in den Wirren der Französischen Revolution ging sie zugrunde.

Sitz der Kompanie wurde Port-Louis. Handelskontore entstanden. Es ist überliefert, dass zeitweise bis zu 200 Schiffe auf Reede lagen.

Im 17. Jahrhundert legten die großen Segler nicht an Kaimauern an, sondern ankerten in der Bucht. Mit kleinen Booten, die zur Mole des Hafens de la Pointe pendelten, wurden die Schiffe be- und entladen. Auch als sich viele Aktivitäten gegen Ende des Jahrhunderts in das neugegründete Lorient verlagerten, blieben der Hafen aktiv und die Stadt bevorzugter Wohnort der Handelsherren und Kapitäne.

Im 19. Jahrhundert wurde Port-Louis ein wichtiger Fischereihafen, und schon in den 1830er-Jahren entstand ein zunächst noch bescheidener Fremdenverkehr. Größte Attraktion neben den Stränden ist die Zitadelle, eine mächtige sternförmige Bastion auf einer Landspitze. In ihren Mauern befinden sich zwei Museen: einmal eine Zweigstelle des Nationalmuseums der Marine, das mit zahlreichen Modellen historischer Schiffe aufwartet, dann das Musée de la Compagnie des Indes, das die Geschichte der Handelskompanie im 17. und 18. Jahrhundert in Bildern, Dokumenten und einer Sammlung orientalischen Kunsthandwerks nachzeichnet.

Hauptstraße in der historischen Altstadt

Bunte Ladenfassaden prägen das Stadtbild.

Auch ein Bummel durch die Altstadt ist außerordentlich reizvoll. Sie ist ein einzigartiges Ensemble historischer Häuser, viele davon aus der Blütezeit des 17. und 18. Jahrhunderts, ohne dass die Stadt dabei ihre Vergangenheit zur Schau stellt. Es fehlt die massive touristische Geschäftigkeit, die andernorts malerische Orte in uniforme Ansammlungen von Restaurants, Cafés und Souvenirläden verwandelt. Ein Bummel durch Port-Louis wird so zur Zeitreise in eine untergegangene Epoche, in der Frankreich von einem weltumfassenden Kolonialreich träumte.

Am Strand von Gâvres, dem längsten der Bretagne

Romantisches Inseldorf Saint-Cado

INFO

Lage: Port-Louis liegt südlich von Lorient am gegenüberliegenden Ufer des Mündungstrichters des Blavet.

Aktivitäten:

- Citadelle de Port-Louis: Avenue du Fort de l'Aigle, 56290 Port-Louis, Tel. +33 2 97 82 56 72, *musee-marine.fr* und *musee.lorient.fr*
- Saint-Cado: romantisches Dorf auf einer Insel in der Ria d'Étel 15 Kilometer östlich von Port-Louis

Strände:

- Stadtstrand La Grande Plage: vor der Wehrmauer zwischen Zitadelle und Zentrum
- Gâvres, La Grande Plage: In der kleinen Ortschaft Gâvres auf einer vorgelagerten Nehrung beginnt der mit 35 Kilometer Länge längste Dünengürtel der Bretagne. Der Strand gilt als Eldorado für Kitesurfer.

Touristeninformation: 1 Avenue Marcel Charrier, 56290 Port-Louis, Tel. +33 2 97 84 78 00

Website: *lorientbretagnesudtourisme.fr*

42. Pontivy: Kunst in den Kapellen

Napoleon hatte Großes vor mit der kleinen Stadt Pontivy am Blavet: Sie sollte zum militärischen und kommerziellen Zentrum der gesamten Bretagne werden. Doch dies war nur eine kurze Episode in der langen Geschichte der Stadt. Heute steht sie jeden Sommer im Zentrum eines inspirierenden Kunstfestivals, das weit über die Bretagne hinauswirkt.

Es war vor allem die strategische Lage, die Napoleon ein Auge auf die alte Hauptstadt des Herzogtums Rohan mitten in der Bretagne werfen ließ. Von hier waren die wichtigsten Häfen der Halbinsel für das Militär gut zu erreichen, außerdem war sie der Mittelpunkt einer landwirtschaftlich ertragreichen Region. Er ließ den Blavet für die Schifffahrt ausbauen und gab die ersten Pläne für den Kanal von Nantes nach Brest in Auftrag, einen Wasserweg von der Loire zum wichtigsten französischen Kriegshafen, der außerhalb der Reichweite der englischen Kriegsflotte lag. Und Pontivy war neben La Roche-sur-Yon in der Vendée das zweite Stadtprojekt Napoleons.

Rathaus von Pontivy aus der Zeit Napoleons

Er gab öffentliche Bauten und Kasernen in Auftrag und ließ eine neue Stadt planen: Napoléonville. Mit ihrem rechtwinkligen Straßennetz schließt sie sich an die mittelalterliche Altstadt an, in der sich bis heute eine Reihe romantischer Gassen mit schönen Fachwerkhäusern erhalten haben. Im Mittelpunkt der Stadt Napoleons steht der heutige Place Aristide Briand, der sich repräsentativ zum Fluss hin öffnet. Auf der Südseite ein schlossähnliches Gebäude, heute Rathaus und Unterpräfektur des Départements. Über den Fluss hinweg fällt der Blick auf die strengen Fassaden der Kasernen des Kaisers.

Schleuse am Kanal von Nantes nach Brest

Doch der Zauber war schnell vorbei und die Stadt verfiel in provinziellen Schlaf. Der Kanal von Nantes nach Brest wurde erst im Jahr 1842 fertiggestellt, 360 Kilometer lang mit 236 Schleusen. Wirtschaftlich wurde er nie ein Erfolg. So präsentieren sich heute die bretonischen Kanäle mit ihren Treidelpfaden als Idylle für Sportboote, Radtouristen und Spaziergänger.

Kunst in den Kapellen

Jeden Sommer sind Pontivy und sein Umland Schauplatz eines hochinteressanten Kunstfestivals: L'art dans les Chapelles. Rund um die Stadt gibt es eine große Zahl von Kapellen. Manche sind kleine Kunstwerke mit bemalten holzgetäfelten Decken oder einem geschnitzten Lettner, andere haben nur schlichte weiß gekalkte Wände. Diese sakralen Räume mit zeitgenössischer Kunst in Verbindung zu bringen, ist ein Anliegen des Festivals, das seit 1992 von Juli bis September die Besucher von weither anzieht.

Zwischen 15 und 20 Künstlerinnen und Künstler werden eingeladen, eine der Kapellen neu zu gestalten: Abstrakte Gemälde kommunizieren mit uralten hölzernen Altären, ein Kirchenraum wird abgedunkelt, um den Blick auf einen riesigen von der Decke hängenden Gong zu lenken, Videokunstwerke sind ebenso zu sehen wie wuchtige und filigrane Installationen, oder der Raum bleibt leer und wird durch sphärische Klänge gefüllt. Das Spektrum ist groß und kennt keine Grenzen. Und schlägt eine Brücke zwischen dem historischen Erbe der Bretagne und der Kunst des 21. Jahrhunderts.

Baumbestandene Treidelpfade am Kanal von Nantes nach Brest

INFO

Lage: Pontivy liegt in der Mitte der Bretagne auf halbem Weg zwischen Rennes und Brest bzw. Vannes und St-Brieuc.

Aktivitäten:

- L'Art dans les Chapelles: Das Festival findet jedes Jahr von Anfang Juli bis Mitte September statt. Informationszentrum Les Bains-Douches, 11 Quai Presbourg, 56300 Pontivy, Tel. +33 2 97 27 97 31, *artchapelles.com*
- Château de Rohan: Imposantes Gemäuer, seit 2025 nach Restaurierung wieder für Besucher geöffnet; 63 Rue du Général de Gaulle, 56300 Pontivy, Tel. +33 2 97 25 00 33

Touristeninformation: Péniche Duchesse Anne, 2 Quai Niemen, 56300 Pontivy, Tel. +33 2 97 25 04 10

Website: *tourisme-pontivycommunaute.com*

43. Kerguéhennec: Kunst im Schloss

In einem prachtvollen Skulpturenpark verbirgt sich der Herrensitz Kerguéhennec. In historischem Ambiente unterhält hier das Département Morbihan eine bemerkenswerte Sammlung zeitgenössischer Kunst. Und präsentiert einen heute weitgehend vergessenen Künstler, der in den 1950er-Jahren in die erste Riege der Avantgarde gehörte: den bretonischen Maler Tal Coat.

Klassizistische Fassade des Schlosses

Das kleine Schloss im klassischen Stil geht auf die Zeit Ludwigs XIV. zurück, sein heutiges Erscheinungsbild erhielt es allerdings erst in den letzten Jahrzehnten des 19. Jahrhunderts, als es vom Grafen Lanjuinais als repräsentativer Landsitz ausgebaut wurde. Ein französischer Garten und ein 175 Hektar großer Landschaftspark mit Hügeln, Seen, Wäldern und ausgedehnten Rasenflächen umschließen das Herrenhaus. Die Gärten sind ein Werk des Schweizer Gartenarchitekten Denis Bühler, der zahlreiche Parks und Gartenanlagen jener Zeit gestaltete.

In den 1990er-Jahren begann man, den Park in einen Skulpturengarten umzuwandeln. Nahezu 40 Installationen zeitgenössischer Künstler wurden seither aufgestellt. Es ist nicht immer leicht, die Werke zu deuten: Da gibt es mitten im Wald einen Käfig der Feen

Ein Skulpturenpark umgibt das Herrenhaus.

der Lüfte, ein auf einen Tisch aufgebockter Eichenstamm liegt vor einer Mauer und sieben bronzene Säulen interpretieren ein Werk des Dichters Stéphane Mallarmé. Im Gegensatz zu älteren Skulpturenparks, die eher Freilichtmuseen gleichen, versteht sich der Park von Kerguéhennec als Skulpturenpark der zweiten Generation. Die Werke treten in einen Bezug zur umgebenden Landschaft: Sie fügen sich ein oder bilden einen Kontrast, schaffen in jedem Fall ein individuelles Ambiente und eröffnen durch ihre Wirkung neue Perspektiven.

Auch die Räume des Schlosses und seiner Nebengebäude stehen für großformatige Installationen zur Verfügung. Im Obergeschoss des Schlosses erinnert eine Dauerausstellung an den Maler Pierre Tal Coat (1905-1985). Er wurde in Quimper als Sohn eines Fischers geboren, nahm dort in seiner Jugend als Maler die Tradition der Nabis auf und versuchte über viele Jahre, einen eigenen persönlichen Stil zu finden. Erst während des Zweiten Weltkriegs fand er in Aix-en-Provence im Exil im unbesetzten Teil Frankreichs zur Abstraktion.

In den 1950er-Jahren waren seine Bilder sehr angesagt. Tal Coat wurde eine etablierte Größe auf dem Kunstmarkt und durfte 1955 und 1959 auf der Documenta 1 und 2 in Kassel ausstellen, der weltweit beachteten Schau zeitgenössischer Kunst. Völlig gegenstandslos und äußerst zurückhaltend in der Farbgebung werden die Gemälde jener Zeit einem „abstrakten Expressionismus" zugerechnet, in Frankreich auch unter dem Namen „Tachisme" bekannt.

Die Bilder Tal Coats reihen sich nahtlos ein in die Kunst der jüngeren Josef Beuys oder Antoni Tàpies. Später wandte sich der Künstler von dieser Art zu malen wieder ab, wurde in seiner Arbeitsweise immer radikaler und experimentierte bis zu seinem Lebensende mit neuen Kunstformen. Heute ist er weitgehend vergessen.

In den 1950er-Jahren fand Pierre Tal Coat zur Abstraktion ...

... und zu einer ganz eigenen Bildsprache.

INFO

Lage: Schloss und Park liegen vier Kilometer östlich des Dorfes Kerguéhennec.

Aktivitäten:

- Domaine de Kerguéhennec: Das Schloss ist zur Zeit geschlossen, öffnet wieder im Jahre 2027. Der Park bleibt zugänglich. 56500 Bignan, Tel. +33 2 97 60 31 84, *kerguehennec.fr*

Touristeninformation: 1 Rondpoint de la République, 56500 Locminé, Tel. +33 2 97 60 49 06

Website: *centre-morbihan-tourisme.bzh*

44. Golf von Morbihan: Île aux Moines und Île d'Arz

Südlich von Vannes erstreckt sich das Mor-Bihan, das Kleine Meer, das dem Departement und der Region seinen Namen gegeben hat. In diesem Meer verliert sich eine Unzahl von Inseln, davon etliche unbewohnt und der Natur überlassen. Andere bieten sich an für einen geruhsamen Ausflug, um jegliche Hektik hinter sich zu lassen.

Der heutige Golf von Morbihan erstreckt sich über ein Gebiet von ca. 20 mal 20 Kilometern, eine Meeresbucht, die durch die Halbinsel Rhuys vom Atlantik abgeschnitten ist und nur durch eine etwa 1000 Meter breite Passage bei Port Navalo mit dem Meer verbunden ist. Hier gehören die Gezeitenströme mit einer Geschwindigkeit von mehr als vier Metern pro Sekunde oder neun Knoten pro Stunde zu den stärksten in Europa.

Das Relief der Landschaft wurde durch die Vergletscherung in der Eiszeit geformt und abgeschliffen. Nach dem Abschmelzen der Gletscher war die Region durch tektonische Verschiebungen Hebungen und Senkungen ausgesetzt. Flussläufe wurden zu Seen, Land wurde auf Dauer überflutet. Man nimmt an, dass in der Zeit, als im Süden der Bretagne viele neolithische Bauten entstanden sind, der Wasserspiegel um vier bis fünf Meter niedriger lag als heute. Seither bildeten sich eine Vielzahl von Inseln, größere, kleinere und ganz winzige.

Blick auf die Île aux Moines

Die Île aux Moines ist die größte und charmanteste der Inseln des Golfs, von der modernen Zeit scheinbar unberührt. Von Blumen gesäumte Gassen und Wege, Feigenbäume, Mimosen und Palmen bringen ein südliches Flair in die Bretagne. Seeleute brachten die Sämlinge in früheren Jahrhunderten mit nach Hause; die Kapitänshäuser, die man verstreut über die Insel findet, zeugen von einem bescheidenen Wohlstands zu fernen Zeiten.

Es lohnt sich, die Insel mit dem Fahrrad zu erkunden. Mehrere Rundwege sind markiert. Sie führen die Küste entlang zu Aussichtspunkten und Stränden, zu Dolmen und zum Cromlech de Kergonan. 24 Steine, zwei bis drei Meter hoch, stehen hier aufrecht und bilden einen Halbkreis mit 101 Meter Durchmesser, Reste einer Grabanlage, die die größte bekannte in ganz Frankreich war – als sie noch stand!

Cromlech de Kergonan

Die Insel Arz, zweitgrößte des Golfs, wird auch die Insel der Kapitäne genannt. Es war hier Tradition, dass sich alle männlichen Bewohner in der Handelsmarine verdingten. Zurück blieben die Alten, die Kinder und die Frauen, die als Wächterinnen der Insel ihre Geschicke bestimmten. Ein kleines Museum erinnert an alte Zeiten und präsentiert viele Schaustücke, die die Seeleute aus aller Welt mitgebracht haben.

Gezeitenmühle von Berno

Ein Wanderweg führt an rund um die Insel, er führt zu versteckten Badestränden, an Kapitänshäusern und Resten alter Dolmen vorbei und zur Gezeitenmühle von Berno, in der früher das Getreide der Insel gemahlen wurde. Sie stammt aus dem 13. Jahrhundert und wurde liebevoll restauriert. Der gesamte Weg führt über 15 Kilometer und ist in drei bis vier Stunden zu bewältigen. Die meisten aber brauchen länger, denn die Strände unterwegs laden immer wieder ein zu einer Pause und einem Bad im Meer.

Blick über den Golf von Morbihan

INFO

Lage: Der Golf von Morbihan breitet sich südlich der Départementshauptstadt Vannes aus.

Fähren:

- Île aux Moines: Fähre Port Blanc – Île aux Moines; Port Blanc liegt 14 Kilometer südwestlich von Vannes: Überfahrtsdauer fünf Minuten; Izenah Croisières, 6 Allée de l'Embarcadère, 56870 Baden, Tel. +33 2 97 57 23 24, *izenah-croisieres.com*
- Île d'Arz: Die Fähren zur Insel Arz verkehren vom Gare Maritime in Vannes und vom Vorort Sené; Bateaux-Bus du Golfe, Gare Maritime, Parc du Golfe, 7 Allée Loïc Caradec, 56000 Vannes, Tel. +33 2 97 44 44 40, *ile-arz.fr*

Aktivitäten:

- Ausflugsfahrten von Vannes: Die Reederei Compagnie du Golfe organisiert Bootsausflüge zu den Inseln im Golf; Compagnie du Golfe, Gare Maritime, Parc du Golfe, 7 Allée Loïc Caradec, 56000 Vannes, Tel. +33 2 97 67 10 00, *compagnie-du-golfe.fr*
- Musée Marins & Capitaines et Galerie d'Arz: La Grée, 56840 Île d'Arz, Tel. +33 2 97 44 31 14, *musee-iledarz.com*

Strände: Beide Inseln weisen reizvolle Strandbuchten auf:

- Île aux Moines: Als schönster Strand gilt der geschützte Strand Le Goret in einer Bucht auf der Westseite der Insel.
- Île d'Arz: Auf allen Seiten der Insel finden sich einladende Sandstrände, manche nur zu Fuß oder mit dem Rad erreichbar, so der Strand von Brouel im Süden oder der Strand von Bilihervé im Osten.

Touristeninformationen:

- Quay Éric Tabarly, 56000 Vannes, Tel. +33 2 97 47 24 34
- Rue Benoni Praud, 56780 Île-aux-Moines, Tel. +33 2 97 26 32 45

Websites:

- *morbihan.com*
- *golfedumorbihan.bzh*
- *mairie-ileauxmoines.fr*

45. Gavrinis: Bootsfahrt in die Steinzeit

Lange vor den Pyramiden in Ägypten entstand im Süden der Bretagne eine monumentale Grabstätte von beeindruckendem Ausmaß: der Cairn von Gavrinis. Ein Besuch lohnt nicht nur wegen seiner wunderbaren Lage auf einer kleinen Insel im Golf von Morbihan. Die Grabkammer birgt gut erhaltene Ornamente, die nicht nur in der Bretagne einzigartig sind. Mit vollem Recht wurde die Stätte 2025 als UNESCO-Weltkulturerbe geadelt.

Als Cairn bezeichnet man Hügelgräber, bei denen ein Dolmen, ein von großen Steinen gesäumtes und überdecktes Grab, mit Bruchsteinen und Erdreich zu einem imposanten Hügel aufgeschüttet wurde. Solche Anlagen aus der Jungsteinzeit sind in der Region rund um den Golf von Morbihan, südlich der Städte Auray und Vannes, nicht selten, doch der Cairn von Gavrinis ist etwas Besonderes.

Nicht nur, dass er auf einer unbewohnten Insel mitten im Golf liegt. Zur Zeit seiner Errichtung vor etwa 6000 Jahren war der Hügel noch nicht vom Wasser umspült. Der Wasserspiegel lag damals wahrscheinlich um fünf Meter niedriger als heute.

Monumentaler Grabhügel von Gavrins

Schon die Maße sind beeindruckend: 50 Meter im Durchmesser, sechs Meter hoch. Es handelt sich um ein Ganggrab mit einem 1,50 Meter hohen Gang von 13 Metern Länge und 0,80 Metern Breite, der sich zu einer sechs Quadratmeter großen Grabkammer öffnet. Gang und Grabkammer sind von aufrecht stehenden Steinen, sogenannten Orthostaten, begrenzt und mit großen Grabplatten bedeckt. Über diesem Großsteingrab wurden Abertausende von Bruchsteinen aufgeschichtet, sodass eine wahrhaft monumentale Grabanlage entstand.

So bewundernswert diese Bauten aus der Steinzeit auch sind, über die Details weiß man wenig. Die technischen Fähigkeiten der Erbauer waren beachtlich. Einige der Steine, bis zu 24 Tonnen schwer, wurden über Distanzen bis zu zehn Kilometer herbeigeschafft – auch über Flüsse hinweg. Andere Steine waren Bruchstücke aus Menhiren. Warum stürzte man diese großen Steine um und ließ sie zerbrechen? Waren es Könige, die solche monumentalen Grabanlagen errichten ließen? Wenn es welche waren, haben sie ihre Geheimnisse mit ins Grab genommen. Viele Fragen bleiben unbeantwortet.

Sensationell sind die Ornamente im Inneren der Grabkammer von Gavrinis. 21 der 29 Orthostaten im Gang, der zur Grabkammer führt, sind zur Gänze mit Gravuren besetzt, einige weitere teilweise. Elegant geschwungene Linien, schlangen- und wellenförmige

Reliefverzierte Monolithen im Ganggrab

Motive verleihen dem Stein eine ganz charakteristische Prägung. Man erkennt Steinbeile und Krummstäbe, Halbkreise, Schildformen, auch Pfeile und Bögen. Begeisterte Archäologen verliehen dem Ort sogar die Bezeichnung „Sixtinische Kapelle des Neolithikums". Aber was bedeuten die Ornamente? Der Fantasie sind keine Grenzen gesetzt.

Die Geheimnisse der Muster sind bis heute nicht entschlüsselt.

Der Cairn von Gavrinis lässt sich nur im Rahmen einer geführten Besichtigung besuchen. Die Bootsfahrt vom Hafen von Larmor-Baden ist eingeschlossen. Diese Regelung hat den Vorzug, dass sich immer nur eine begrenzte Zahl von Besuchern auf der Insel aufhalten darf und jeder ausreichend Zeit zur Betrachtung der Reliefs im Inneren des Steingrabs hat.

INFO

Lage: Die Insel Gavrinis liegt im Süden des Golfs von Morbihan. Ausgangspunkt für die Besichtigungstouren ist Larmor-Baden, 15 Kilometer südwestlich von Vannes.

Aktivitäten:

- Ausflug nach Gavrinis: Die Insel ist nur im Rahmen einer geführten Besichtigung gestattet. Die Überfahrt von Larmor-Baden dauert etwa 15 Minuten, der Aufenthalt auf der Insel etwa 90 Minuten; Abfahrt von der Cale de Pen Lannic, 56870 Larmor-Baden, Tel. +33 2 97 57 19 38, *cairndegavrinis.com*, Buchung über *cdpm.tickeasy.com*.
- Bootstouren mit Stopp auf Gavrinis saisonal auch ab Locmariaquer und Port Navalo; Le Passeur des Iles, *passeurdesiles.com*
- Er Lannic: Einige der angebotenen Bootstouren führen weiter zur südlich von Gavrinis gelegenen Insel Er Lannic, wo die Reste eines Steinkreises, eines Cromlech, mit etwa 65 Meter Durchmesser sichtbar sind.
- Cairn de Petit Mont: Kaum weniger imposant ist der Cairn de Petit Mont auf einer Anhöhe über der Südküste der Halbinsel Rhuys bei Port Navalo; Site du Petit Mont, Le Crouesty, 56640 Arzon, Tel.+33 2 97 53 74 03, *cairndepetitmont.com*

Touristeninformation: Quai Éric Tabarly, 56000 Vannes, Tel. +33 2 97 47 24 34

Websites:

- *golfedumorbihan.bzh*
- *larmorbaden.com*
- *cairndegavrinis.com*

46. Halbinsel Rhuys: Spuren des Mittelalters

Abseits der Durchgangsstraßen schiebt sich eine sandige Landzunge, die Halbinsel Rhuys, zwischen den Golf von Morbihan und den Atlantik. Sie wartet nicht nur mit langen Badestränden auf, sondern auch mit einigen bemerkenswerten Baudenkmälern aus fernen Jahrhunderten wie der Abteikirche von Saint-Gildas-de-Rhuys und der Burg Suscinio.

Über viele Jahrhunderte galt die sandige Halbinsel als entlegenes Stück Land, mit dem man nicht viel anzufangen wusste. Gerne gaben deshalb mittelalterlich Feudalherren solche Landstriche an Mönche, die das Land nach dem benediktinischen Grundsatz „Bete und arbeite!" erschlossen und nutzbar machten. Im Jahr 1008 erstmalig erwähnt, war Saint-Gildas-de-Rhuys eine der großen Abteien in der Bretagne.

Doch mit Zucht und Ordnung scheint es nicht immer zum Besten gestanden zu haben. Im Jahr 1127 wurde der berühmte Theologe Peter Abaelard als Abt eingesetzt, nachdem seine Liebesaffäre mit Heloise nicht mehr verborgen werden konnte und er sich aus Paris zurückziehen musste. Seine Mission war kein Erfolg, Sitten und Gebräuche in Saint-Gildas eher rustikal. Selbst ein Mordversuch an dem Gelehrten ist überliefert. So war Abaelard heilfroh, als er sein Amt nach einigen Jahren niederlegen durfte.

St-Gildas-de-Rhuys, romanische Apsis mit Apsiden

Bis in unsere Zeit überkommen ist allein die Abteikirche, eines der seltenen Beispiele romanischer Baukunst in der Bretagne. Stilistisch weist das Bauwerk ins Gebiet der Loire, was wenig überrascht, da die Abtei im 11. Jahrhundert mit Mönchen der Abtei Fleury bei Orléans besetzt wurde. Der Chorraum mit seinem Chorumgang und seinen Apsiden ist ein Musterbeispiel einer hochromanischen Kirche.

Bis ins 13. Jahrhundert bedeckten weite Wälder Rhuys, mit viel jagdbarem Wild. So entstand hier zunächst ein bescheidenes Jagdhaus, das nach und nach zu einer würdigen Residenz ausgebaut wurde, in der sich die Herzöge der Bretagne immer wieder für Wochen und Monate aufhielten.

Dem Stile der Zeit entsprechend erhielt die von Wassergräben umgebene Burg Suscinio einen wehrhaften Torbau mit Zugbrücke, Fallgitter und Pechnasen, massive Mauern und Türme, obwohl sie kaum je als militärische Festung gedacht war. Nach der Vereinigung der Bretagne mit Frankreich 1532 fiel die Burg an die französische Krone, wurde kaum noch genutzt und verfiel. Im 19. Jahrhundert wird Suscinio als romantische Ruine beschrieben, so von den Schriftstellern Flaubert und Maupassant.

Gewaltige Mauern und ein Graben schützen die Burg von Suscinio

Seit 1978 wird die Burg restauriert und erstrahlt heute wieder in mittelalterlichem Glanz. Allein durch ihre Dimensionen beeindruckt sie jeden Besucher. Die Palastbauten im Inneren sind nur teilweise

St-Gildas-de-Rhuys, romanische Säulen mit Kapitellen im Chor

wiederhergestellt. Ein Flügel enthält eine hochinteressante Ausstellung zum höfischen Leben des späten Mittelalters; eine zweite Ausstellung beleuchtet verschiedene Erzählungen aus dem Kreis der Artussagen.

Nur die Wälder, die einst die Burg umgaben und von einer 40 Kilometer langen Mauer umschlossen waren, in der die bretonischen Herzöge zur Jagd gingen, sind – wie fast überall in der Bretagne – verschwunden. Zurückgeblieben ist eine dank ihrer Sandstrände beliebte Urlaubslandschaft.

INFO

Lage: Die Halbinsel Rhuys liegt südlich von Vannes zwischen dem Golf von Morbihan und dem offenen Meer und ist von Osten her erreichbar.

Aktivitäten:

- Abteikirche St-Gildas-de-Rhuys: 1 Place Monseigneur Ropert, 56730 Saint-Gildas-de-Rhuys, Tel. +33 2 97 45 23 10, *abbaye-de-rhuys.fr*
- Burg Suscinio: Route du Duc Jean V., 56370 Sarzeau, Tel. +33 2 97 41 91 91, *suscinio.fr*

Strände: Auf der dem Atlantik zugewandten Seite der Halbinsel Rhuys gibt es eine endlos scheinende Reihe wunderbarer Sandstrände

- Saint-Gildas-de-Rhuys: nördlich des historischen Zentrums die Strände Govelins und Kerver
- Sarzeau: wenige hundert Meter südlich der Burg der Plage de Suscinio, der im Osten in den langgezogenen Strand von Landrezac übergeht, westlich davon der Strand Roaliguen

Touristeninformationen:

- Rue Saint-Goustan, 56730 Saint-Gildas-de-Rhuys, Tel. +33 2 97 53 69 69
- Rue Père Marie-Joseph Coudrin, 56370 Sarzeau, Tel. +33 2 97 53 69 69

Website: *golfedumorbihan.bzh*

Zur Mündung der Loire

Guérande, Stadttor und -mauer

Zur Mündung der Loire

47. Guérande: das Salz der Bretagne
48. La Grande Brière: Stille über dem Moor
49. Nantes: ein Denkmal gegen die Sklaverei
50. Nantes: Maschinen und bizarre Kunst

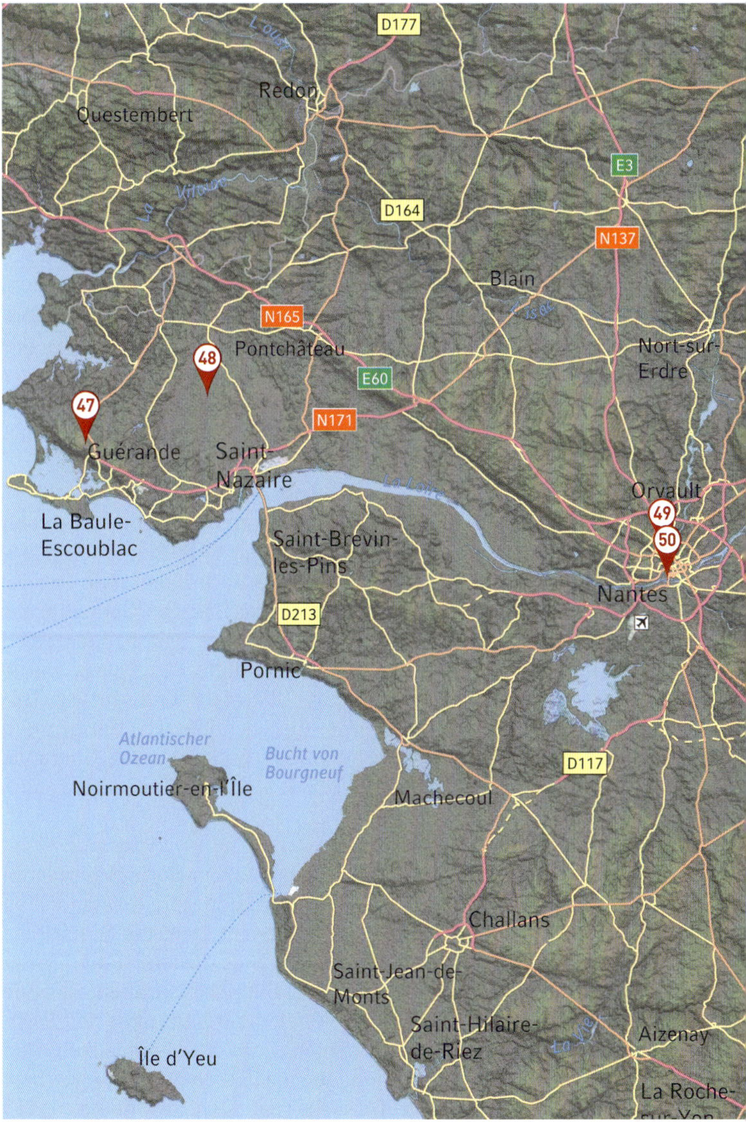
D177
Redon
Questembert
E3
D164
N137
Blain
N165
Pontchâteau
48
Nort-sur-Erdre
E60
47
N171
Guérande
Saint-Nazaire
La Loire
Orvault
49
50
La Baule-Escoublac
Saint-Brevin-les-Pins
Nantes
D213
Pornic
Atlantischer Ozean
Bucht von Bourgneuf
Noirmoutier-en-l'Île
D117
Machecoul
Challans
Saint-Jean-de-Monts
Saint-Hilaire-de-Riez
Aizenay
Île d'Yeu
La Roche-

47. Guérande: das Salz der Bretagne

Zwischen den Orten Le Croisic, Batz-sur-Mer, La Baule und der Stadt Guérande erstreckt sich eine irreal anmutende Landschaft: die Marais Salantes. Ein scheinbar unentwirrbares Netz von Dämmen, Kanälen und Teichen prägt hier die Landschaft. Aus dem verdunstenden Meerwasser wird hier Salz geschöpft, das bereits im Mittelalter der Stadt Guérande zu großem Wohlstand verholfen hat.

Zuweilen liest man, bereits die Römer hätten in den Überschwemmungsbecken zwischen der Halbinsel von Guérande und der gleichnamigen Stadt Salz durch Verdunstung von Meerwasser gewonnen. Dies ist nicht belegt, nachgewiesen ist es erst seit dem 10. Jahrhundert. Seither haben sich die Methoden nicht wesentlich verändert.

Salz war in der Bretagne, die in starkem Maße vom Fischfang lebte, ein kostbares Gut. Mit Salz ließen sich Heringe und andere Fische gut konservieren. Die Grande Pêche bretonischer Fischer vor Neufundland oder Island wäre ohne das Salz von Guérande gar nicht möglich gewesen: Den Laderaum voller Salz begaben sich die Segelschiffe auf die weite Reise. Mithilfe des Salzes wurde der Dorsch gebeizt und getrocknet. Über Jahrhunderte war Trockenfisch, auf Französisch Morue, ein wichtiges Handelsgut und Nahrungsmittel. Zur Blütezeit im 15. Jahrhundert besaß Guérande eine Flotte von 269 Schiffen, die Salz und Wein aus der Region exportierten.

Bis heute haben sich Spuren aus jener Zeit in der sehenswerten Stadt Guérande erhalten. Die Stadtmauern und -tore entstanden im 14. Jahrhundert. Im Mittelpunkt der Altstadt steht die Stiftskirche Saint-Aubin, ein überraschend großer, etwas düsterer Bau. Lichter und freundlicher ist der Kirchplatz mit zahlreichen Straßencafés. Die Straßen und Gassen laden zum Flanieren ein und unter den Fachwerkhäusern lässt sich manch romantisches Juwel entdecken. Und vielleicht auch in einer der Boutiquen und Geschäfte Salz erwerben. Denn das mittelalterliche Gewerbe hat sich bis heute halten können. Die Salzgärten erstrecken sich über eine Fläche von etwa 1500 Hektar. Das Meerwasser wird nach einem uralten System in die verschiedenen Becken verteilt, wobei sich der Salzgehalt durch die Verdunstung stetig verstärkt. Am Ende des Prozesses ist die Konzentration so stark, dass das Salz in den Salinen kristallisiert und abgeschöpft werden kann. Etwa 300 „Paludiers“ ernten pro Jahr ungefähr 16.000 Tonnen Salz. Davon sind etwa 600 Tonnen „Fleur de Sel“, das wertvollste Produkt: die Salzkruste, die sich nur an heißen Tagen bildet und von Hand abgeschöpft wird. Die Masse des Salzes, das „Gros Sel“, ist durch Algen leicht gräulich gefärbt und wird naturbelassen oder gereinigt zu zivilen Preisen auf den Markt gebracht.

Porte Saint-Nicolas

Salzgärten bei Guérande

Es ist nicht der kulinarische Wert, der das Salz aus Guérande zu etwas Besonderem macht. Salz ist Salz und schmeckt nach Salz. Noch keinem Sternekoch ist es jemals gelungen, in einem Blindtest Qualitätsunterschiede zwischen einem teuren Meersalz und einem preiswerten Produkt herauszuschmecken. So ist es vor allem die lange Tradition, die mühsame handwerkliche Gewinnung und der Zauber der Salzgärten, der Salz aus Guérande einzigartig macht.

Café am Platz vor der Kirche

INFO

Lage: Guérande liegt 80 Kilometer westlich von Nantes.

Aktivitäten:

- Musée de Guérande: Im Stadttor Porte Saint-Michel befindet sich das historische Museum der Stadt, von hier besteht auch Zugang zur Stadtmauer; Rue Saint-Michel, 44350 Guérande, Tel. +33 2 28 55 05 05, *portesaintmichel.fr*

Besichtigung der Salzgärten: Am Rande der Marais Salants führen eine Reihe kleinerer Straßen entlang, einzelne führen auch mitten hindurch. Fahrradtouren sind wegen der Enge der Straßen und des regen Verkehrs problematisch. Wer die Salzgärten besichtigen und sich über die Salzgewinnung informieren möchte, dem sei eine professionelle Führung empfohlen:

- Maison des Paludiers: Eco-Museum, in dem auch Führungen durch die Salzgärten angeboten werden; 18 Rue des Prés Garnier, 44350 Guérande (Village de Saillé); Tel. +33 9 53 07 74 06, *maisondespaludiers.fr*
- Terre de Sel: Führungen zu verschiedenen Themen rund um das Salz, auch Wanderungen durch die Salzgärten; Pradel, 44350 Guérande, Tel. +33 2 40 62 08 80, *terredesel.fr*
- Musée des Marais Salants: Bereits 1887 gegründet gibt das Museum einen guten Überblick über die Geschichte der Salzgewinnung bei Guérande; Place Adèle Pichon, 44740 Batz-sur-Mer, Tel. +33 2 40 23 82 79, *museedesmaraissalants.fr*

Strände:

- Westlich von Guérande zieht sich vom Ort La Turballe ein kilometerlanger Sandstrand nach Süden.
- Zwischen Le Croisic und Batz-sur-Mer liegt der Plage Valentin.

Touristeninformation: 1 Place du Marché au Bois, 44350 Guérande, Tel. +33 2 40 24 34 44

Website: *labaule-guerande.com*

48. La Grande Brière: Stille über dem Moor

Eine magisch anmutende Landschaft der Stille breitet sich nur wenige Kilometer nördlich der Mündung der Loire aus: die Grande Brière. In dieser Moorlandschaft bilden Kanäle die Straßen, wohnen die Menschen auf „Inseln". Im Frühjahr und Sommer verwandeln sich die wasserreichen Flächen in ein Vogelparadies, das sich am besten auf einer Bootstour entdecken lässt.

Chalands heißen die flachen Boote der Grande Brière, seit Jahrhunderten das traditionelle Fortbewegungsmittel. Um die drei Meter lang, wurden auf ihnen jahrhundertelang Menschen und Tiere über die Kanäle und Wasserflächen gestakt. Die Siedlungen befanden sich am Rande des Torfmoors sowie auf Îlots – Inseln – genannten Landflächen, die zu Lande nicht zugänglich waren.

Nahezu lautlos gleiten die Chalands über das Wasser. Bis zu zehn Passagiere finden Platz in den Booten, vom Bootsführer mit einer langen Stange über die Kanäle und flachen Lagunen gestakt. Im Schatten der Schilfbüschel warten Reiher bewegungslos auf ihre Beute, nur der Wind und ein gelegentlicher Schrei eines Vogels

Kanal in der Brière

durchbrechen die Stille. Eine Bootsfahrt lässt den fast mystischen Zauber spüren, der über dieser einzigartigen Landschaft liegt.

Die Grande Brière ist eine Senke, die immer wieder vom Meer überspült wurde, zuletzt vor etwa 5000 Jahren, als der Meeresspiegel nach Ende der Eiszeit stark anstieg und das eindringende Meer Vegetation und Wälder überschwemmen und abtöten konnte. Doch vor 2500 Jahren wurde die Brière durch Dünen wieder vom Meer getrennt und es bildete sich das Torfmoor, das bis heute trotz vielfältiger Eingriffe des Menschen bestehen geblieben ist. Es bedeckt heute eine Fläche von ungefähr 20.000 Hektar, die im Parc naturel régional de Brière unter Naturschutz gestellt sind.

Die Lebensbedingungen hier waren hart. Die Menschen lebten von der Gewinnung von Torf, von der Schilfernte, von der Jagd und vom

Temps perdu

Fischfang und von einer bescheidenen Landwirtschaft. Mit den Chalands transportierten sie im Sommer das Vieh zu Landflächen im Moor, die für die Weide geeignet waren. Das Moor selbst war Gemeinschaftseigentum der Bewohner der umliegenden Dörfer, durch Privilegien der bretonischen Herzöge abgesichert.

Am einfachsten lässt sich die Grande Brière von Osten her entdecken. Bei Rozé in der Gemeinde Saint-Malo-de-Guersac befand sich der Hafen, in der die Handelsgüter Torf und Schilf auf größere Boote umgeladen wurden und über den Fluss Brivet zur Loire und weiter zu den Absatzmärkten befördert wurden. Ein moderner Aussichtsturm erlaubt einen Blick über die Grande Brière, es werden Bootstouren angeboten, und der Site Pierre Constant, nur zu Fuß in zehn Minuten zu erreichen, wartet mit einem informativen Lehrpfad durch die Moorlandschaft. Die Nachbargemeinde Saint-Joachim erstreckt sich über sieben „Inseln“, heute über 13 Brücken miteinander verbunden. Vor allem auf der Insel Fédrun lassen sich die traditionellen Strukturen noch beobachten: Die Häuser reihen

Blick über die Grande Brière bei Rozé

sich wie an einer Perlenkette rund um die Insel auf, und auch einige Chaumières sind noch erhalten, einfache strohgedeckte traditionelle Häuser.

Traditionelle strohgedeckte „Chaumières“ auf der Île Fédrun

INFO

Lage: Die Moorlandschaft der Grande Brière breitet sich nördlich der Hafenstadt Saint-Nazaire aus.

Aktivitäten:

- Bootsrundfahrten: Die klassischen Bootsrundfahrten in den traditionellen Flachbooten werden in vielen Dörfern am Rande des Moorgebiets angeboten.

Unterkunft:

- La Mare aux Oiseaux: Einen poetischen Namen hat sich dieses erstklassige Haus mit Gourmetrestaurant auf der Île de Fédrun gegeben, mitten im Naturpark der Grande Brière; 223 Rue du Chef de l'Île, Fédrun, 44720 Saint-Joachim, Tel. +33 2 40 88 53 01, *mareauxoiseaux.fr*

Touristeninformation: Parc naturel régional de Brière, Maison du Parc, 214, Rue du Chef de l'Île, Fédrun, 44720 Saint-Joachim, Tel. +33 2 40 91 68 68

Website: *parc-naturel-briere.com*

49. Nantes: ein Denkmal gegen die Sklaverei

Behäbigkeit und Bürgerstolz drücken die Häuser aus am Quai de la Fosse, einem der alten Hafenkais von Nantes. Lange Zeit wurde die Quelle des Wohlstands der bretonischen Hauptstadt verschämt verschwiegen: der Handel mit Sklaven aus Afrika in der Neuen Welt. Erst seit wenigen Jahren erinnert eine Gedenkstätte am Ufer der Loire an dieses unerfreuliche Kapitel der Geschichte.

Im Jahre 1672 beendeten die Engländer und Franzosen in einer gemeinsamen Aktion das Monopol der Holländer auf den lukrativen Handel mit schwarzen Sklaven zwischen Afrika und der Neuen Welt. Und übernahmen selbst die Initiative. Reeder und Kaufleute aus Nantes waren von der ersten Stunde an dabei.

Erst 1848 wurde in den französischen Kolonien die Sklaverei abgeschafft.

Die Ausstattung eines Sklavenschiffes war teuer. Mitte des 18. Jahrhunderts wurden die Investitionen in eine Expedition auf 250.000 Livres veranschlagt, mehr als der Wert eines Pariser Stadtpalais in bester Lage. Tauschwaren wurden geladen: Textilien,

In Ketten gefesselt wurden die Sklaven über den Atlantik gebracht.

Waffen und Metalle – alles was sich in Westafrika gut absetzen ließ. Die Schiffe klapperten dann einige Wochen lang die afrikanischen Küsten ab und tauschten ihre Waren gegen Sklaven ein. Waren die Zwischendecks voll, segelten sie über den Atlantik in die Kolonien der Karibik. Dort wurde die menschliche Fracht an die Plantagenbesitzer verkauft und im Gegenzug vor allem Zucker, aber auch Gold und Silber und andere Waren geladen, die in Frankreich und Europa einen Markt fanden.

Das Memorial informiert umfassend über den Sklavenhandel ...

Die Bedingungen für die Sklaven waren grausam. Sie waren auf den Zwischendecks aneinander gekettet, es gab keinerlei hygienische Einrichtungen, Trinkwasser und Nahrungsmittel waren limitiert und die Disziplinierungsmaßnahmen drastisch. Denn die Kapitäne fürchteten jederzeit eine Meuterei. Man nimmt an, dass jeder sechste Gefangene die lange Reise von Afrika in die Karibik nicht überlebte. Erst gegen Ende des 18. Jahrhunderts sanken die Sterblichkeitsraten, blieben aber immer noch hoch.

Die Rendite der Investition in eine Sklavenhandels-Expedition wird im Durchschnitt auf etwa zehn Prozent veranschlagt. Wobei das Risiko eines Totalverlust des Schiffes von der Chance kompensiert wurde, mit einer erfolgreichen Reise seinen Einsatz verdoppeln zu können. So gab es für die Aufrechterhaltung des Sklavenhandels vermutlich ähnliche Beweggründe wie die, die heute die Finanzmärkte beflügeln: die Gier und die Hoffnung auf schnellen Gewinn.

Mit dem Wiener Kongress 1815 wurde Frankreich der Sklavenhandel über See verboten, fand aber in Nantes im Verborgenen weiterhin statt. Erst 1848 wurde auch in den französischen Kolonien die Sklaverei abgeschafft. Seit 2012 erinnert am Quai de la Fosse, wo einst die Sklavenschiffe auf ihre Reise gingen, eine Gedenkstätte an diese historischen Tragödien. Auf 2000 in den Boden gelassenen Glastafeln sind die Namen der Sklavenschiffe, die von Nantes aus in See stachen, und der Handelskontore festgehalten. Ein meditativer Parcours in einer unterirdischen Passage erinnert an die Geschichte der Sklaverei und die Anstrengungen zu ihrer Beseitigung.

... und das historische Museum im Schloss über die Geschichte von Nantes.

INFO

Lage: Nantes liegt knapp 400 Kilometer südwestlich von Paris an der Loire und ist über die Autobahn in etwa vier Stunden zu erreichen.

Aktivitäten:

- Mémorial de l'Abolition de l'Esclavage: Passerelle Victor-Schoelcher, Quai de la Fosse, 44000 Nantes, *memorial.nantes.fr*
- Musée d'Histoire de Nantes: Wer seine Eindrücke aus dem Memorial vertiefen möchte, dem sei ein Besuch im Historischen Museum von Nantes im alten Schloss der bretonischen Herzöge empfohlen; Château des Ducs de Bretagne, 4 Place Marc Elder, 44000 Nantes; Tel. +33 8 11 46 46 44, *chateaunantes.fr*

Unterkunft:

- Sozo Hotel: originelles Design-Hotel mit 24 Zimmern in einer aufgelassenen Klosterkirche des 19. Jahrhunderts; 16 Rue Frédéric Cailliaud, 44000 Nantes, Tel. +33 2 51 82 40 00, *sozohotel.fr*

Touristeninformation: 9 Rue des États, 44000 Nantes, Tel. +33 8 92 46 40 44 oder +33 2 72 64 04 79

Website: *levoyageanantes.fr*

50. Nantes: Maschinen und bizarre Kunst

Ein monströser Elefant und ein riesiges Karussell, bizarre Vögel aus Stahl – seltsame Wesen auf der Île de Nantes, deren industrielle Vergangenheit Geschichte ist und die zu neuem Leben findet. Die Île des Machines steht am Anfang eines Kunstprojekts, das sich von Nantes den Lauf der Loire entlang bis nach Saint-Nazaire erstreckt.

Der gigantische Elefant

Die Riesenspinne

Die von der Loire umflossene Île de Nantes war lange Zeit das Hafen- und Industrieviertel der westfranzösischen Metropole. Doch die Hafenanlagen entsprachen irgendwann nicht mehr den Anforderungen der modernen Zeit, Kaianlagen, Fabriken und Werkstätten verfielen. Und so wurde die der Altstadt gegenüberliegende Insel in den letzten Jahrzehnten ein kreatives Laboratorium zeitgenössischer Stadtplanung, Architektur und ... Kunst.

Wundersame Tiere bevölkern eine der alten Hallen: Ein riesiger Reiher und Kolibris bewegen sich durch das Glashaus, ein gigantisches Faultier hängt an einem alten Rohr, nicht zu vergessen eine übergroße Spinne! Ein monströser Elefant, zwölf Meter hoch und 45 Tonnen schwer, verlässt bei gutem Wetter seinen gläsernen Stall und dreht, bis zu 49 Passagiere an Bord, eine gemächliche Runde über das Gelände der früheren Werft. Sie führt zum Carrousel des Mondes Marins, einem buntbemalten Stahlskelett, 25 Meter hoch, in dem drei Karusselle die Besucher in die Sphären der Meere entführen.

All die Wesen der Fantasie wurden aus Stahl zusammengebaut nach Entwürfen des Designers François Delarozière und des Theatermachers Pierre Orefice. Die futuristischen Visionen des Jules Verne, der in Nantes Kindheit und Jugend verbrachte, standen Pate, als der Elefant im Jahre 2005 für ein Straßentheaterprojekt erstmals zusammengebaut wurde. Anlass war der hundertste Todestag des Urvaters der Science-Fiction-Literatur. Seit 2007 dreht der Koloss – in einer monumentaleren Version – seine Runden auf der Île de Nantes.

Modell für den Reiherbaum

Die Insel ist Ausgangspunkt eines gigantischen Kunstprojekts am Unterlauf der Loire: l'Estuaire. In drei großen Kampagnen zwischen 2007 und 2012 entstand ein Freilichtmuseum zeitgenössischer Installationen, geschaffen von Künstlern aus aller Welt. Heute zählen 33 Objekte zum Projekt, allein acht davon auf der Île de Nantes, je drei weitere an anderen Orten in Nantes und in Saint-Nazaire, die übrigen in ländlicher Umgebung am Unterlauf der Loire.

Das Spektrum der ausgestellten Kunstwerke ist weit gefächert: vom avantgardistischen Design einer mobilen Tankstelle der 1960er-Jahre zum Gesicht einer Nymphe, das auf die Wasserfläche eines Kanals gebeamt wird, vom versinkenden Haus mitten in der Loire bis hin zum Riesenpendel, das in ruhigem Rhythmus an einem Betonsilo hin- und herschwingt.

Man kann den künstlerischen Parcours mit dem Fahrrad erradeln oder mit dem Schiff vom Fluss aus entdecken und sogar in von Künstlern gestalteten Zimmern nächtigen. Und am Ende der Strecke bei Saint-Brevin-les-Pins, dort wo sich der Flusslauf zum Meer hin öffnet, windet sich das stählerne Skelett einer 120 Meter langen Schlange ins Meer, geschaffen vom chinesischen Künstler Huang Yong Ping – Endpunkt einer Tour durch die spannende, zuweilen skurrile Welt zeitgenössischer Kunst.

Daniel Buren, Les Anneaux

INFO

Lage: Die Île de Nantes liegt im Süden des Zentrums der bretonischen Hauptstadt.

Aktivitäten:

- Les Machines de l'Île und Carrousel des Mondes Marins: Parc des Chantiers, Boulevard Léon Bureau, 44200 Nantes, Tel. +33 2 51 17 49 89, *lesmachines-nantes.fr*
- Estuaire: 33 zeitgenössische Installationen auf der Île de Nantes und an beiden Ufern der Loire am Unterlauf bis nach Saint-Nazaire. Auflistung der Kunstwerke sowie Informationen zu den Kunstwerken des Projekts und Routenvorschlägen, auch für Wanderungen und Radtouren unter *estuaire.info*
- Bootsfahrten auf der Loire nach Saint Nazaire: Bootsausflüge zwischen Nantes und Saint-Nazaire und zurück werden von April bis Oktober angeboten, allerdings nicht täglich; Abfahrten am Gare Maritime, Quai Ernest Renaud, 44100 Nantes, Tel. +33 2 40 69 40 40, *marineetloire.fr*
- Trentemoult: Das urige frühere Fischerdorf Trentemoult am linken Ufer der Loire ist längst mit der Großstadt verwachsen. Wegen seiner volkstümlichen Fischrestaurants ist es zudem zu einem beliebten Ausflugsziel geworden.
- Musée Jules Verne: Ein Museum erinnert an den in Nantes geborenen Romancier, der das Science-Fiction-Genre erfand; 3 Rue de l'Hermitage, 44100 Nantes, Tel. +33 2 40 69 72 52, *julesverne.nantesmetropole.fr*

Unterkunft:

- Château de Pé: Wohnen in einem Kunstwerk! Herrenhaus des 18. Jahrhunderts 20 Kilometer westlich von Nantes auf der südlichen Seite der Loire. Als Teil des Projekts Estuaire wurden sechs Zimmer von internationalen Künstlern ausgestattet; Surprenantes Château du Pé, Rue de l'Egalité, 44640 Saint-Jean-de-Boiseau, Tel. +33 6 38 44 49 98, *chateaudupe.fr* und *surprenantes.com*

Touristeninformation: 9 Rue des États, 4400 Nantes, Tel. +33 8 92 46 40 44

Website: *levoyageanantes.fr*

Register

I

J

K

L

M

N

O

P

Q

R

S

In der Reihe sind u.a. bisher erschienen:

Laura Kaiser,
Christoph Schaarschmidt
ISBN 978-3-96855-308-5
Preis 16,95 €

Cornelia Lohs
ISBN 978-3-96855-327-6
Preis 16,95 €

Carsten Heinke
ISBN 978-3-96855-299-6
Preis 16,95 €

Hilke Maunder
ISBN 978-3-96855-278-1
Preis 16,95 €

Andrea Behrmann, Paolo Succu
ISBN 978-3-96855-390-0
Preis 16,95 €

Bildnachweis:
581245-pxhere S. 59 I 904882-pxhere S. 101 I Abujoy CC BY 4.0 S. 228/229 I Adam Bishop CC BY-SA 3.0 S. 18o I Adobe Stock Cover I Agnes DP CC BY-SA 4.0 S. 138 I Alec CC BY-SA 3.0 S. 20 I Alexis Merlauc CC BY 3.0 S. 233u I Amanda Hinault CC BY-SA 3.0 S. 153 I Andy Hay CC BY S. 44 I Bonjour35 CC BY-SA 4.0 S. 139u I Brieg CC BY 2.0 S. 100O I Brittany Museum CC0 S. 160u I Calips CC BY-SA 1.0 S. 15u I Calips CC BY-SA 3.0 S. 67, 68 I Cattzy CC BY-SA 3.0 S. 110 I CEHAU35 CC BY-SA 3.0 S. 66 I ChiemSeherin pixabay S. 16u I Citron CC-BY-SA-3.0 S. 143 I Claude Humbert CC BY-SA 4.0 S. 22o I Colsu CC BY-SA 4.0 S. 18u I DenisH CC BY-SA 3.0 S. 99 I DomFelga CC BY-SA 4.0 S. 132 I Edouard Hue CC BY-SA 3.0 S. 47, 48 I Edouard Hue CC BY-SA 4.0 S. 152o I Erwan Corre CC BY-SA 3.0 S. 22u I Erwan Corre CC BY-SA 4.0 S. 170 I Espirat, CC BY-SA 4.0 S. 168 I Esther Westerveld CC BY 2.0 S. 102 I Eusebiusat Commons CC BY 2.0 S. 15o I Eveline de Bruin pixabay S. 164o I Fab5669 CC BY-SA 4.0 S. 218o I Florent Ls CC BY-SA 3.0 S. 116 I Franck Barske pixabay S. 14u I Ggal CC BY-SA 4.0 S. 156, 158, 159 I Gilles Messian from Paris France CC BY 2.0 S. 17u I GO69 CC BY-SA 3.0 S. 196, 197u, 198 I GO69 CC0 S. 39o, 40 I Guy Bernard CC BY-SA 3.0 S. 139o I Gzen92 CC BY-SA 4.0 S. 140, 172/173 I Hadonos CC BY-SA 3.0 S. 43 I HenriDavel CC BY-SA 4.0 S. 222 I Ismoon talk 1434 31 UTC CC BY-SA 4.0 S. 221 I jacqueline macou pixabay S. 100u I Jean-Marc Ayrault CC BY 2.0 S. 240, 242 I Jean-Michel Moullec CC BY 2.0 S. 124 I Jean-Pierre Dalbera from Paris, France, CC BY 2.0 S. 246 I Jebulon CC0 S. 218u I Johan Allard S. 103 I Johnyksslr, CC BY-SA 4.0 S. 147 I Julien1977 CC BY-SA 3.0 S. 184/185 I Kergourlay CC BY-SA 3.0 S. 120, 152u I Koreller CC BY-SA 4.0 S. 241, 243 I Kure-kureci CC BY-SA 3.0 S. 62 I Lionel Allorge, CC BY-SA 3.0 S. 146 I Llorenzi CC BY-SA 3.0 S. 165 I Loudumo, CC BY-SA 4.0 S. 244u I Lukas Schlagenhauf CC BY-ND 2.0 S. 186 I Maps4news S. 24, 25, 29, 57, 85, 129, 195, 231 I Mathias Neveling CC BY-SA 4.0 S. 60 I Migi CC BY-SA 3.0 S. 70 I Milkomede CC BY-SA 4.0 S. 157o I Moreau henri CC BY-SA 3.0 S. 161, 162 I Moreau henri CC BY-SA 4.0 S. 131O, 160o, 182 I Nantes culture et patrimoine CC BY-SA 3.0 S. 245 I Nicolas MEMETEAU CC BY-SA 3.0 S. 112 I Odenel CC BY-SA 3.0 S. 164u I Philippe Ales CC BY-SA 4.0 S. 82/83 I Philweb CC BY 2.0 S. 144 I Photo Myrabella Wikimedia Commons S. 220 I Pierre Andre Leclercq CC BY-SA 4.0 S. 98 I Pinpin 1232 15 August 2006 UTC CC BY-SA 2.5 S. 216 I Pmau CC BY-SA 4.0 S. 181 I Pom from France European Union CC BY-SA 2.0 S. 173o I Pymouss, CC BY-SA 4.0 S. 71 I Raphodon CC BY-SA 4.0 S. 46 I Reseau des Grands Sites de France CC BY-SA 4.0 S. 16o I Rhian CC BY 2.0 S. 209u I RI CC BY-SA 3.0 S. 21 I Romary CC BY-SA 3.0 S. 217 I Ryan R Zhao CC BY-SA 4.0 S. 58 I Scrapdemonik CC BY-SA 3.0 S. 157u I Semhur Wikimedia Commons S. 39u I Shadowgate CC BY 2.0 S. 142 I Sokoljan CC BY-SA 3.0 S. 14o I Steffen Heilfort CC BY-SA 3.0 S. 17o I Suju-foto pixabay S. 111 I Sxilderik CC BY-SA 2.5 S. 174 I TCY, CC BY-SA 3.0 S. 72o I Therese Gaige, CC BY-SA 4.0 S. 104 I Thesupermat CC BY-SA 3.0 S. 119 I Thesupermat CC BY-SA 4.0 S. 117, 118 I Tilly antoine CC BY-SA 4.0 S. 213 I W Bulach CC BY-SA 4.0 S. 64 I Yann Caradec from Paris France CC BY-SA 2.0 S. 135O, 136